JN256499

＼初めての出展から受注まで／

中小企業の展示会マニュアル

脱 下請のための新規顧客開拓術

照井 清一
鎌倉 庄司 著

同友館

はじめに

前職で18年間機械を開発してきました。当時は新しい製品の情報を得る機会は雑誌か展示会ぐらいしかありませんでした。そこで展示会に行き、新しい製品や技術と出会い導入してきました。そのために反対する部署を説得したり商流をつくったりして中々大変でした。

その後、経営コンサルタントになり、企業を支援する立場で展示会に行くと、良いところがあるのにうまく伝えることができない会社が多くもったいないと感じました。一方で、展示会を使って、普段会えない大手企業の技術者と出会ってビジネスにつなげている会社もありました。

実は、部品や素材、設備などをつくっている会社のPRは、自社で完結した最終製品を持っている会社とは大きく異なります。そして、こういった会社も見せ方を変えるだけで、お客様の反応は大きく変わるのです。「もう少しPRを工夫すれば」といつも思っていました。

そこで同じ想いの株式会社コムズの鎌倉氏と展示会活用のセミナーを開催しました。そして、それまではほとんどお客様が来なかった会社のブースに多くのお客様が訪れ、引合に繋がりました。

しかしこの展示会のノウハウを書いた本は今までありませんでした。そこで鎌倉氏とともにセミナーでお伝えしたノウハウをこの度、1冊の本にまとめました。ぜひ、本書を参考に展示会で多くの有望なお客様と出会い、事業が発展することを願っています。

照井　清一

私の会社は14年前に売上が2．4億円あり、そのうち主要取引先であった行政関係の売上が約7割を占めていました。平成の大合併で行政からの売上が確実に減少すると考えて、同業他社が機械設備に走る中、機械の設備更新を止め、新規開拓に向けて本格的に営業に取り組み始めました。売上は毎年毎年2桁以上のマイナスが続き、数年間で0．8億円にまで下がりました。マンガのシーンによくある主人公が走っていくすぐ後ろの橋がドンドンと崩れ落ちていくような恐怖を味わいながら経営をし続けています（笑）。

そして新規開拓営業の一貫として展示会営業をスタートさせました。展示会営業を始めた頃はなかなかうまくいきませんでした。これと言った専門書もない中で10年近く手探りでやり続けてきた結果、この数年は出展するたびに新規のお客様が増えるというところまで来ることができました。

私と同じように展示会営業をスタートしようとする方が、私と同じ苦労をすることなく少しでも短期間で結果につなげられたら、という想いで本書の出版に取り組み始めました。

これといった技術もない田舎の零細企業でも展示会営業で結果を作ることができました。本書を手にされた皆さんが読んだことを実践され、成果を手に入れられることを信じて疑いません。事業の発展を心からお祈り申し上げます。

鎌倉　庄司

◎目　次

第3章 展示会による新規開拓とは？ その全体像……40

第4章 〈手順1〉展示会の計画と展示会の選定……50

第5章 〈手順2〉お客様の困りごとを明らかにする……86

第1章

下請けこそ展示会で新規開拓

照井清一

本書のテーマは展示会を活用した新規開拓です。

なぜ今新規開拓なのでしょうか？

「決まっているじゃないか？　売上を上げるためだ」

そうですよね。

かつて製造業は輸出、国内販売とも好調で仕事をこなすだけで精一杯の中小企業も多かったと思います。しかし今日、大手企業の海外への工場移転や、家電メーカーの不振など多くの業界において国内の生産は減少しています。またメーカーの統廃合やメーカーの仕入れ先の厳選など中小企業の経営環境は大きく変化しました。

「量がまとまった仕事は海外に移転し、量の少ない仕事が増えた」

「単価の割に手間がかかる仕事が増え、儲からなくなった」

「品質に対する要求が厳しくなり、歩留まりが悪化した」

経営者からこのようなことをよく聞きます。

このような状況の中で、今まで多くの中小製造業の経営者にお会いしましたが、不思議なことに同じ業界でも利益が出なくて苦しんでいる会社と、しっかり利益が出ている会社がありました。

「この違いは何だろうか?」ずっと疑問に思っていました。

「高度な技術力」、「改善の徹底」

どちらの会社も大きな違いはありませんでした。ただ「新規開拓」に対する姿勢には違いがありました。

この新規開拓は経営にどのような影響を及ぼすのでしょうか?

そして製造業の新規開拓において展示会はどんな効果があるのでしょうか?

この章では、長年限られた会社と取引してきて売上、利益が徐々に減少し、今後に対して漠然と不安を抱いている腕達（うでたつ）工業株式会社（以下、腕達工業）と、展示会を活用して新規開拓を行っている新規開拓工業株式会社（以下、新規開拓工業）という架空の2社の話から、この疑問について考えていきたいと思います。

I　同業者の苦境と腕達工業の不安

A市の中小企業「腕達工業」は、同市で創業して30余年、主に大手メーカーY社と取引してきました。同社はY社の成長に合わせて売り上げも増え、社員は現在20人になりました。今までY社からの受

【○社に積極的に提案する】

注は、それなりに利益が出ていましたが、最近見積もりに対する値下げが厳しくなり、利益が減少しているのが腕達社長の気がかりなところです。もうひとつ気がかりなことは、Y社が最近海外メーカーと提携したことです。この海外メーカーは大規模な工場を持っていて、いずれY社の事業も生産部門は海外に集約される可能性が出てきました。

ある日腕達社長のもとに知人の新規開拓工業の新規社長が訪れました。話題はお互いが知っている「一社竹（いっしゃだけ）鉄工」の話になりました。一社竹鉄工も大手メーカーY社と取引していました。長年の豊富な経験がある一社竹鉄工は、Y社から難しい部品の加工を相談されても、色々な工夫をして実現していました。腕達工業でも自信がなくて断った仕事がありましたが、これも一社竹鉄工が工夫して納品しました。Y社の技術者には、「困った時は、一社竹鉄工」という流れができていました。一社竹鉄工もベテランの社員がY社にいろいろな提案を行っていて、Y社とは強い信頼関係がありました。

新規社長「腕達さん知ってる？　一社竹鉄工は近々会社をたたむそうだ」
腕達社長「えっ、全然聞いてないよ。またなぜ？」
新規社長「Y社の製品で一番数が出ているのがあったよね。あれが近々提携先の海外企業に生産移管されるのは知ってるかい？」
腕達社長「それは聞いたよ。うちはあんな数はできないから、ほとんどやっていないんだ。いつかあれを取りたいと思っていたけど、今となっては取れなくて正解だったね」
新規社長「一社竹鉄工は売上のかなりの部分をあの製品に依存していたみたいでね。それまで設備投資もしていたから、売上が半減するとやっていけないと考えたみたいだね」
腕達社長「そうですか。うちも最近は徐々に受注が減って売上も低下してきて、いろいろ切り詰めてなんとか、社員にボーナスも出せているけど、そんな話を聞くと心配になるね」

腕達工業と同業の新規開拓工業も、以前は取引先が1社のみでした。しかし10年前にその取引先の主力製品が海外に移転し受注が大きく落ち込みました。この時、1社に依存することの危険を強く感じた新規社長は、その後積極的に新規開拓を行ってきました。今では取引先は30社以上、一番受注の多い取引先でも全体の10％以下です。

先日、新規開拓工業が展示会に出展した際、名刺交換した新しいお客様から引き合いがあり、新規社長は見積を持って打合せに行きました。

【商談で席を立つ新規社長】

お客様「新規開拓工業さんがすばらしい技術を持っていることは、展示会で見せていただいてよくわかりました。ただ、今日いただいた見積ですが、当方の希望価格を10％オーバーしています。そこを何とかしていただけませんか？」

新規社長「先日、御社の設計さんにご提案したように、この図面の2箇所の公差が厳しくて、そのため工程が増えてしまっています。この公差を緩和してもらえれば希望の価格に何とか近付けることはできますが……」

お客様「設計の者は、明確な理由はないけど、この公差はそれ以前の製品から何十年も同じ公差なので変えたくないそうです」

新規社長「そうであれば、仕方がありませんね。これ以上、価格を下げてしまうと当社も赤字になってしまいます。この価格でつくる会社があるなら、そちらにお願いしてください」

新規社長は、そう言って席を立ちました。

後日、先のお客様から新規社長に電話がかかってきました。

お客様「新規社長、あの価格で結構ですので、お願いできないでしょうか?」

新規社長「どうしたのですか?」

お客様「今頼んでいるところの品質が安定しなくて、製品の立ち上がりが大幅に遅れています。このままでは製品の発売時期にまで影響してしまいます。それですぐにこの問題を解決するように部長から言われたのです」

一方、腕達社長は、いつものように受注している部品の来年度の価格交渉にY社に行きました。Y社購買部の買多（かうた）課長は、

買多課長「腕達さん、今度の新価格は何とかこちらの要望を受けてもらえないだろうか。確かにあれだけ下がると腕達さんが苦しいのもわかるけど、新価格が成立しないと、役員の方から部品の海外調達を始めるように言われてしまうんだ」

腕達社長「どういうことですか?」

買多課長「腕達社長も知っての通り、当社で一番数が出ていた製品は海外企業に生産移転された。それ

で現地での部品の供給体制ができてきたんだ。海外価格と日本の調達価格を比較して、海外調達に切り替えると利益が大幅に増えることがわかったんだ。ただし、我々購買としては、海外調達は品質が不安だし、担当者の海外出張など間接経費が増えるので、できれば今まで通り国内で調達したいんだ。そこで国内でも安くできれば利益は変わらないと考えて、ギリギリで出した価格がこの新価格なんだ。だからなんとかこの価格を呑んで欲しいんだ」

腕達社長「そういわれても、簡単に『はい』と言えるような価格ではないので・・・。うーん、一度持ち帰って考えさせてください」

会社に帰った腕達社長は、この価格を受け入れた場合の利益を計算してみました。その結果、新価格では利益はなくなり赤字になることが判明しました。しかも受注がこのペースで減少すると赤字は年々大きくなり、5年後には立ち行かなくなることが想像できました。

かといって新価格を断れば受注自体がなくなってしまう恐れがあります。また例え腕達工業が新価格を断っても、その仕事はどこか他の会社が受注するだろうと思われました。

「これからどうしたらよいだろうか・・・」

腕達社長は考えてしまいました。

Ⅱ　製造業の営業の問題点

このままY社だけと取引していては将来立ち行かなくなると考えた腕達社長、新規開拓社長のことを思い出しました。新規社長もかつては1社しか取引先がありませんでしたが、新規開拓を継続することで今では30社以上の取引先があります。

「うちも新規開拓をしなければ」そう決意した腕達社長でしたが、新規開拓はやったことがないのでどういう方法があるのかもわかりませんでした。

まずは今までの人脈を生かして、商社や同業者に腕達工業に仕事を回してもらうようにお願いしました。そこである会社が発注先を探していることを教えてもらい訪問しました。

その会社の購買部長と面談すると、

購買部長「あなたが腕達社長ですね、うちもとにかくコストが厳しい中、必要な数を集めなきゃならないんで大変ですよ」

腕達社長「当社では、最新の機械も設備していて重要な個所は全数検査しています。品質には自信があります」

購買部長「あー、だったらこれ見積もってくれないか？　数は月５００で」

後日、見積を持って行くと、

【乱暴に箱に入れられた部品】

購買部長「この値段では話にならないよ。ここから3割は下げてもらわないと」

腕達社長「でもこの品物は、公差も厳しく、工程がどうしても多くなります。それでも、この値段で御社の求める品質でつくるところがあるのですか？」

購買部長「品質？　まあできてるんじゃないの。時々品証が『また不良が出た』と言って走り回っているけど。とにかくこちらは、社長から何が何でもコストを下げろとハッパをかけられていて、もう必死だよ」

腕達社長「そうですか……」

帰り際、見積したものと同じ部品が納品されていました。乱暴にプラ箱に入れられたその部品は、仕上げは雑で、「これで要求する精度が出ているのだろうか」と心配になりました。

「うちならもっといいものがつくれるのに」

腕達社長が事の成り行きを知人の経営者に相談すると、

「新規の場合、最初は赤字でもいいから値段を下げておくんだよ。とにかく入り込まなけりゃ話にならないんだから。次の発注から値段を上げればいいんだよ」

腕達社長は、そういうものかと思いながら、次に紹介されたところに赤字の見積を作って持って行きました。

お客様「うん、まああの値段だよね。でもこれ名刺代わりの見積じゃないだろうね」

腕達社長「名刺代わりの見積って何ですか？」

お客様「最初、とにかく取引を始めて口座を開いてもらうために、ものすごく安い見積りを持ってくることさ。だけど、その次からは値段を上げてくるんだ。この間もある会社が、他社の半額の見積を持ってきて大変な騒ぎになったんだ」

腕達社長「どういうことですか？」

お客様「その見積が役員のところに行っちゃったんだよ。そうしたら役員が『この会社でつくれば半額でできるのに、何をお前たちは高いものを買っているんだ』と大変な権幕さ。でも案の定、その次の案件では値段は大したことないんだ。あれは完全に名刺代わりの見積だったよ」

そういわれると、後で値段を上げたら、「やっぱり名刺代わりだったのか」と言われそうで取引できませんでした。

腕達工業は、今までY社の求める精度の高い部品もつくり、不良はほとんど出しませんでした。さらに再三の無理な納期にも頑張って間に合わせてきました。品質や納期対応を考えれば、他社と比べて腕達工業の価格は決して高くなく、「他ではこんな価格ではできない」といつもY社からも言われてきました。だから腕達社長は話さえ聞いてもらえれば、他社でも何かは受注できると思っていました。しかし、どの会社に熱心にPRしても腕達工業の良い点に関心を持ってくれませんでした。

「あんな荒っぽい仕事をするところと比較されたら、同じ価格にするのは難しい。それにあれだと、恐らく後で問題が起きるはずだし、きっと現場は困っていると思うのだが。でもそれをどうやったら購買の人たちに分かってもらえるだろうか？」

Ⅲ　新規開拓の機会として展示会、お客様のキーマンと出会う方法

困った腕達社長、以前、知人の経営者が県の産業振興センターで紹介してもらって、新たに仕事を受注したことを思い出しました。そこで、県の産業振興センターに行ってみました。

産業振興センターの担当の答えは、意外なものでした。

センター担当「なるほど、今までのいきさつは分かりました。それならば展示会に出展されてはいかがでしょうか？」

腕達社長「展示会ですか？　あれはＹ社のような自社の商品を持っていないとダメじゃないですか？」

センター担当「いえいえ、今は腕達工業さんのような部品メーカーさんもいっぱい展示会に出ています。むしろ部品メーカーの会社さんの方がメリットは多いのです。当センターの新規開拓支援には、展示会とビジネスマッチング会があり、それぞれ一長一短があります。腕達社長は、すでに何社も紹介してもらって商談したけど、腕達工業の良い点は認めてもらえず、価格だけで判断されたのですよね」

腕達社長「ええ、そうです」

センター担当「それは、会った相手が購買だからです。購買は、技術のことがよく分からず、現場が品質で困っていることもよく知りません。当センターで行っているビジネスマッチングでも、大抵来られるのは購買や資材調達部門の方です。従って、今までと同じことになってしまいます」

腕達社長「では、どうしたらいいでしょうか」

「展示会では、購買以外に設計や生産技術など技術部門の方も来ます。彼らに腕達工業さんの良いところをＰＲして、『腕達工業さんに頼みたい』と思ってもらうのです」

腕達社長「そうですか……」

腕達社長は、なんとなく腑に落ちませんでしたが、残る選択肢は展示会ぐらいしかありません。早速、産業振興センターが主催する展示会に申し込み、出展に関するパンフレットをもらって帰りました。

【ビジネスマッチング会とは】

ビジネスマッチング会は、受注側の中小企業と発注側企業をマッチングするイベントです。その多くは地域の中小企業を支援するために商工会議所や金融機関などが開催します。

ビジネスマッチング会の長所は、発注側の企業は発注する目的で参加するため、取引を前提とした内容の濃い商談ができることです。主催者側もマッチング件数がそのイベントの成果となるため、熱心に受注を後押ししてくれます。商談が成功するためには、発注側のニーズと受注側が提供するものが合っている必要があります。そこで商談が成功するように主催者側は、事前にできるだけマッチングしそうな組合せを選びます。そのためマッチングの可能性は高くなります。

一方、短所としては、一日の商談件数が少ないことです。大抵のビジネスマッチング会では、受注を希望する企業と、その会社に関心を持ってくれそうな企業とを組み合わせて、1日で3～4件の商談をします。この3～4社の中に、求める技術分野や価格が自社に合う会社があればいいのですが、必ずしもそうとは限りません。どの会社も合わなければ1日商談しても、全く受注に結び付きません。

もうひとつの短所は、発注側の参加者に購買の人が多いことです。彼らは新しい技術やノウハウには関心が少なく、せっかく他社にない自社固有の技術やノウハウを説明してもあまり関心を示しません。商談は主にコストと納期の話になりがちです。それでもその会社が新たな取引先を求めていれば十分にチャンスがありますので、一概に購買はダメというわけではありません。ただし、彼らが今までの取引先よりも安い発注先を求めているのであれば、受注できても非常に安い価格になってしまいます。つまり価格優先の商談となりがちです。中には今までの取引先でできないものを探していることもありますが、その場合は技術的にかなりハードルが高いものが多いようです。

【展示会の特徴】

展示会の長所は何といっても短い期間で多くのお客様と出会えることです。ビジネスマッチング会は、多くても1日に数社ですが、展示会では1日に100社以上、300人以上のお客様と出会うことも可能です。自分の会社の技術やノウハウに関心のあるお客様と出会うためには、ある程度たくさんのお客様と出会う必要があります。展示会でたくさんのお客様と出会えば、自社に関心を持ってくれるお客様に巡り合える可能性も高くなります。

もうひとつの長所は、効率よくPRできることです。自社のブースに来るお客様は、その時点で自社の展示内容に関心を持っています。関心を持っているお客様に説明するのは、とても説明しやすいですよね。従って最初から詳しい内容をPRできます。これが飛び込みの訪問だと、まず「自分たちが何者か」というところから話して、お客様との間に信頼関係をつくらなければ本題のPRに入れません。

また展示会では、展示品やデモンストレーション、展示パネルなど現物や図を使って、お客様に具体的にわかりやすくPRできます。この五感に訴えてPRすることでお客様の心に深い印象を残すことができます。

【営業にマンパワーをかけられない中小企業こそ活用】

このようにビジネスマッチング会と展示会は、それぞれ特徴があり、その会社の事業内容や求めるお

【それぞれの新規開拓方法の長所・短所】

	紹介	展示会	ビジネスマッチング会	DM、テレアポ	ホームページ
長所	紹介者による信頼 確実に会える	1日で多くのお客様に会える 技術者などキーマンと会え効率よくPRできる	取引を前提とした商談 取引がすぐスタートする可能性がある	多数のお客様にアプローチ	お客様からアプローチがある 費用が少ない
短所	価格ありきになりがち 紹介者の手前断りにくい	自社のブースに来てもらう努力が必要 費用がかかる	購買担当の場合価格重視 1日の商談回数が少ない 技術的なPRが弱い	キーマンの名簿の入手が困難	キーワードでの上位表示（SEO）が必要 見せ方の工夫が必要

客様のタイプに応じて、うまく使い分けると良いです。行政や支援機関が主催するビジネスマッチング会は、少ない費用で参加できるため、規模の小さい企業でも取り組みやすいです。

しかしビジネスマッチング会でも準備しないで参加すれば、せっかくの機会を活かしきれません。最低でも自社の会社概要や事業規模、そして自社の技術やノウハウの特徴を伝える資料は用意しておく必要があります。特に相手が技術に詳しくない購買や資材の場合（大抵はそうですが）、自社の技術を説明しても相手は十分に理解できないかもしれません。

けれども、ビジネスマッチング会の後、彼らが会社に帰って、新たに取引をするかどうかを社内で検討する時、彼らがその会社の良さを社内の関係者に伝えられるように、自社の技術やノウハウがわかる資料を作成し渡しておけば、自社の良い点をしっかりと伝えることができます。

Ⅳ「なんでもやります」の問題

もしあなたの会社が他のどこにもできないダントツの技術を持っているのであれば、難しいことを考える必要はありません。展示会では大きくそれをＰＲすれば、多くのお客様がやってきます。実際、独自の技術を開発した中小企業は、展示会で有望なお客様と新たな取引をしています。展示会には、新しい技術を探しているお客様も多くいます。そういったお客様は、あなたのブースに気づけば「もっと知りたい」ときっと思います。

しかし、そのようなダントツの独自技術を持っている中小企業は限られていますよね。多くの中小企業はお客様の要求を満たすために様々な創意工夫をしていますが、他社との違いは決して大きくありません。そして自社の技術については、自分達が一番よく知っているがゆえに、「ここがすごい」と強く言えません。もしそう断言したら同業者から「あなたのところは大したことはない」と言われるのではないかと思ってしまうからです（そのようなことはないのですが）。あるいは長年下請けとして、「お客様から言われたもの」をつくって来た会社の中には、そもそも「自分たちのやっていることが他社とどう違っているのか分からない」という方もたくさんいます。

そうなると新規開拓のＰＲはどうしても「なんでもやります！　仕事をください！」になってしまいます。かつては、こういったＰＲでも受注できました。日本の製造業が拡大基調にあった時代は、多くの企業が新たに部品を供給する先を求めていたからです。しかし今は国内の製造業の市場は、横ばい、あるいは縮小傾向にあり、お客様の求めるものをつくる中小企業は多くあります。その結果「なんでもやります」というPRは、どこでもできるような案件の引き合いばかり来てしまいます。このような案件はどうしても「まず最初に価格ありき」という価格競争になってしまいます。たとえ受注できても単価の低い利益の出ない受注になりがちです。つまり市場が拡大基調にあった過去と、市場が横ばい、もしくは下降基調にある今日では新規開拓の手法も変わってきているのです。

そして「○○をつくれる企業はないか」と新たな取引先を探しているのは、大抵は購買、資材調達部門の人です。彼らが重視するのは価格です。なぜなら彼らも組織の中で厳しい原価低減のノルマを課せられていて、少しでも発注価格を下げなければならないからです。

そこへあなたが「自社が創意工夫したこと」や、「他社よりも『品質が良い』、『精度が高い』というメリット」を訴えても、なかなか関心を持ってくれません。彼らの優先順位の中で品質や精度はコストよりも低いのです。そもそも詳しい技術の話がわからないという担当者もいます。

従って購買以外の人に品質や性能など価格以外の要素に注目してもらい、自社の製品や技術が優れていることをわかってもらいたいのです。この品質や性能など価格以外のことに関心があるのは、品質や性能に問題意識を持っている人たちです。具体的には設計や開発などの技術部門の人です。

彼らは、ライバル企業よりもより優れた製品を開発しなければなりません。より優れた製品を開発する際には、常に品質、機能、コストなどの様々な問題が発生します。彼らは普段、こういった問題に頭を悩ませています。そこで彼らに、その問題を解決する技術やノウハウを提供すれば、価格よりも「問題を解決できるかどうか」が優先されますよね。

またお客様の事情で価格が問題にならない場合もあります。例えばクレーム対応のために急いで部品を作らなければならない時です。お客様の製品に問題が発生し、ユーザーからクレームがあると、至急対策品をつくり評価検証して、対策品を出荷しなければなりません。お客様がつくっているものが生産設備の場合、納入先の生産ラインが止まってしまうと多額の損失が発生します。時には納入先から損害賠償を請求されることすらあります。従ってできる限り早く対策品を送り、問題を解決しなければならないのです。

しかし対策品を出荷する前に、対策品が本当に問題の解決になっているか入念な評価が必要です。時には対策品が失敗することもあります。従って、いかに早く対策品をつくるか時間との戦いになることもあります。このような背景を考えれば、本当は納期と品質をしっかりと守ってくれるのであれば、対策品の価格が少々高くても問題になりません。

私が設計をしていた時も、大きな問題が発生して大至急対策しなければならないことは何度もありました。まず問題の原因を調査して、解決策を考えます。そして解決策が本当にうまくいくか、試作をして評価します。その間もお客様からの注文はどんどん入るので工場では生産を続け出荷しています。それはつまり出荷後に改修する製品がどんどん増えていくことでもあります。工場からは、いつ対策品の評価結果が出るのか頻繁に催促してきます。対策品の設計は1日でできても、それをつくるのには時間がかかります。その間も改修する製品が増えて損失金額はどんどん膨らんでいきます。

そして対策品を評価した結果、問題が解決すればよいのですが、難しい問題の時は、当初考えた対策

【技術部門の抱えている問題】

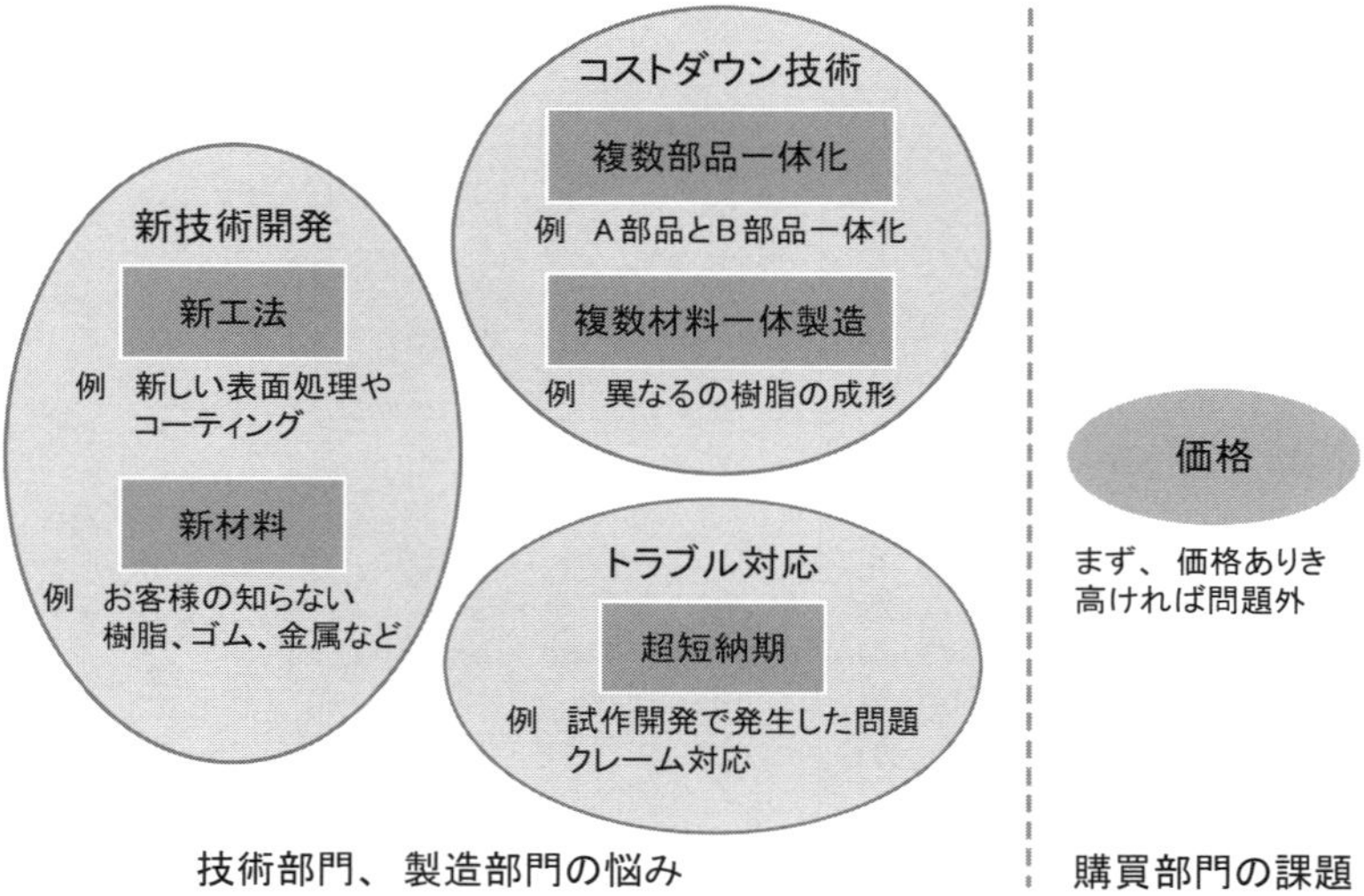

案ではうまく解決できず、対策を考え直さなければならないこともありました。原因は、設計者はどうしても変更範囲を少なくし、廃棄する部品を少なくして損失金額を抑えようとするからです。その結果、つい小手先の対策になってしまいます。評価すると思ったような結果が出ず、より大きな範囲を設計変更しなければならなくなります。こうして対策案を何度も試している間に時間はどんどん経過していきます。考えたことはうまくいかず上司から叱られ、現場からは催促され、胃がキリキリする日々でした。

　このような時に困るのは、つくった対策品が図面通りでないことです。評価してもどうもうまくいかないので調べてみると「対策品の精度が図面通りでなかった」、「形状が違っていた」こともあり、がっくりときました。それから協力会社に連絡して、作り直してもらうのですが、失った時間は戻ってきません。もし腕達工業のような技術のある会社が、設計者の意図を理解して「早く確実に」対策品を作ってくれるのであれば、私は迷わずそちらに頼むと思います。それはこのような背景があるからです。

一方受注を受けて見積をつくる側は「他社では5,000円でつくるかもしれない。うちでは急いでつくると8,000円かかる、大丈夫だろうか」と考えます。そして購買担当者も「8,000円は高い」と言います。しかし開発の立場から見れば3,000円とか5,000円の問題ではないのです。早く結論を出して手を打たなければ、その何十倍、何百倍もの損失が発生するのですから。

従ってお客様の技術者が対策案を早急に評価しなければならない場合、あなたの会社が他社よりも「早く確実に」対策品を作ってくれることがわかれば、その技術者があなたの会社に発注するように購買に働きかけてくれることとすらあります（発注権限や発注手順は会社より異なるので、必ずそうなるとは言えませんが・・・・）。

Ⅴ　課題解決型営業

ではどうしたらお客様企業の技術者とこのような関係を築けるでしょうか。ポイントは最初にこちらからいろいろと提案することです。今では企業側もそのような提案を積極的に求めています。それは企業のものづくりの力が低下しているからです。

今日多くのメーカーが、部品加工は協力会社に依頼し、自らは付加価値の高い組立・設計・販売に特化しています。そのため加工に詳しい人が社内にいなくなり、加工についてちょっとしたことも社内では聞けなくなりました。そのため部品加工の基礎的なことを知らない技術者が増えました。問題が起きた時に、経験豊富な協力会社に聞かないと分からないのが実情です。

一方でどの企業も他社と激しい競争を行っており、他社より優れた性能で、しかも他社より低い価格の製品を生み出さなければなりません。そのためにはより精度や品質の高い部品をより安くつくる技術が不可欠です。しかしそのような部品を生み出すアイデアは今日のメーカーでは低下しています。そのためメーカーはそのようなアイデアや創意工夫を部品メーカーに求めています。

また今の若者たちの「人にうまく聞けない」という傾向がこうしたことに拍車をかけています。実際、今日では大手メーカーの技術者が今まで取引のない中小企業に突然メールで問合せしたりすることがあります。その話を聞いた時「そんなことはあの会社ならどこかにもっと詳しい人がいるのに」と思いました。ひょっとすると大手メーカーの中で、若手技術者は先輩に聞くこともできず孤立して悩んでいるのかもしれません。彼らにあなたの豊富なものづくりの知識やノウハウを教えてあげれば、大きな支えになる可能性があります。

私も設計していた時は、加工のことで分からないことがよくありました。むしろある程度経験を積んで加工のことがわかるようになってからの方が、疑問は多かった気がします。直径1ミリの穴は深さ何ミリくらいまで加工できるのか、複雑な形状の奥まったところに刃物を入れることができるのか、わからないことがあれば取引先に電話で何度も聞きました。取引先の担当者とは、それまでに何度も打合せして気心が知れているため、気軽に電話をかけることができました。また相談すると向こうからも「こうした方が良い」というアドバイスをもらうこともありました。そうなるとその部品はその取引先のノウハウやアドバイスが入ったものになります。その結果、この部品は他社に発注するよりその会社に発注した方がよくなります。他社に発注するともう一度一からまた説明しなければならないですし、それでもこちらが意図したとおりになるかどうかわかりません。通常は発注先を決定するのは購買ですが、そうやって打合せした部品に関しては、購買に頼んで、その会社に発注してもらいました。そうなると相見積は形がい化し、価格競争の入る余地はありませんでした。

このように企業に提案することで、発注を自社に有利に導くことができます。そしてこうやって提案していくと、お客様はあなたの会社にとても良いイメージを持ちます。そうなると新しい部品でも価格は最初に提案した会社の価格が基準になります。その後相見積になっても、この基準に対して高い、安いが判断されます。従って最初に提案すれば、相見積でも非常に有利になります。

そして技術や品質保証部門の人は、その解決策が本当に良いと分かれば、その会社を採用するように彼らが購買に働きかけてくれることもあります。

どうしてそこまでするのでしょうか。

それは、ものづくりにおいては図面や仕様だけでは、全く同じものは作れないからです。だから解決方法を提案し、今まで詳細な打合せした企業がやった方が確実だと技術や品質保証部門の人は考えます。さらに彼らは、その次も解決策を提案して欲しいと思います。こうやってあなたの会社が自分たちの困っていることを解決できるとわかれば、価格よりもまず「この会社にやって欲しい」となります。

これが課題解決型の営業の利点です。そして、この課題解決型のＰＲとアプローチができるのが展示会です。

当然ですが、課題解決型のＰＲをした場合、お客様からの質問や問合せに対しては解決策をしっかりと提案できなければなりません。

Ⅵ　ＢｔｏＢの新規開拓の特徴

ＢｔｏＢの新規開拓では、お客様が大きな企業になることもあります。あなたの会社と取引するかどうかは担当者だけでなく、企業の組織で判断をします。実際、担当者はすごく気に入ってくれたのになかなか話が進まなかったり、次に会った時は全然乗り気でなくなってしまうことがあります。期待していただけにがっかりしますよね。これは担当者があなたの会社と取引したいと思っても、他の人の反対や抵抗にあって断念してしまったのかもしれません。こういったことが大組織と取引すると起きます。そうならないようにするためには、以下のことに注意する必要があります。

(1)　お客様の気持ちをすごく高める

ＢｔｏＢ取引では、お客様が会社組織であり、この組織は部門によりそれぞれ立場が異なります。例えば設計があなたの会社と新たに取引したいと思っても、購買はこれ以上取引先を増やしたくないと思えば反対します。またひとつの組織の中でも、担当者と上司では立場が違います。担当者はあなたの会社をすごく気に入ってくれても、上司が小さな会社と取引しない方針であれば反対します。実際にＢｔｏＢにおける新規取引は、お客様にとっても面倒です。設計者によっては、このような面倒な新規の会社との取引は一切やらない人もいます。ですから、ＢｔｏＢの新規開拓ではお客様に手間をかけさせると、お客様はそれ以上動いてくれなくなってしまいます。「取引してみたいけど、そんなところまで手が回らない」そんな状態になってしまいます。

（注）ＢｔｏＢ：企業間取引（Business to Business）、つまり企業が企業に販売する取引のことです。対して、企業が一般消費者に販売する取引は、ＢｔｏＣ（Business to Customer）と呼ばれます。

では、このような組織との取引を成功させるためにはどうすればよいでしょうか。まずその担当者がどうしてあなたの会社と取引したいのか考えてみましょう。それはあなたの会社の製品や技術が彼の抱えている問題を解決するからですよね。従って、自社の技術や製品が「良い」だけでなく、

「この問題を解決できる。ものすごく良い。だからぜひ必要だ」

と思ってもらう必要があるのです。そうすれば例え手間がかかって面倒でも、あなたの会社と新たに取引して問題を解決しようとします。つまり展示会での出会いから訪問、打合せの中で、お客様の担当者はこの問題がとても深刻だと自覚し、それを解決するにはあなたの会社の製品や技術がどうしても必要だと強く思ってもらいたいのです。

そのためにはお客様の課題に対して具体的な解決策を提案して、それを確実に解決できることをデータ、サンプルやテスト加工で立証します。これがお客様の気持ちをすごく高めることになります。実際

にはそこまで気持ちを高めなくても、今までの取引先に不満があれば、それを解消する提案をすることでお客様は前向きに考えてくれます。

(2) リスクを取るお客様を探す

お客様の立場で考えれば、新しい企業との取引にはリスクがあります。そうなるとお客様はリスクを取れる人が望ましいです。リスクに対する姿勢は人によりずいぶん違います。リスクを取れる、つまりリスク許容度の高い人は、少々リスクがあっても今より良くなると思えば、それを実行します。しかしリスク許容度が低い人は、まずリスクに目が行ってしまいます。この技術や製品を導入した方が良いことが分かっていても、導入するリスク、つまり導入しても失敗するリスクに目がいってしまい現状のままでいようとします。そうなるといくらあなたの会社の製品や技術が素晴らしいことを訴えても、お客様は動いてくれません。そして私の経験では、製造業にはこのようにリスク許容度の低い人が意外と多いのです。お客様がこのようなタイプの場合、お客様が感じているリスクを詳しく聞き出し、これを排除しない限り話が進みません。

もしあなたが経営者であれば、お客様がリスクに敏感で、中々決めないことに違和感を持つかもしれません。経営者は普段からリスクを取って意思決定しています。対してお客様は、一度失敗して自分の評価が下がると、社内で大きなダメージを負います。一般的には大きな会社の社員ほどリスクに敏感で、少しでも不安を感じれば話は先に進まなくなります。私もサラリーマンだった時、何度も新しい会社と取引を行いましたが、相手の会社の社長とは仕事の進め方がかみ合いませんでした。私は社内の承認を一歩一歩進めていましたが、その社長はすぐに発注されると思っていたようです。社長は私も社長と同じように権限があって自分で決定できる思っていたのかもしれません。実際は組織の中で新しい会社と取引を始めるには、何につけても関係する部署との調整や承認が必要で、自分では何も決められなかったのです。当時は「なんか違うな」と漠然と感じていましたが、自分がサラリーマンでなくなったら、この経営者と社員の違いがよく分かりました。

(3)　タイミングの問題

ＢｔｏＢの新規開拓でありがちなもうひとつの問題はタイミングです。特にあなたがお客様の設計や技術にＰＲする場合、このタイミングはとても重要で、このタイミングが合わないとお客様が良いと思っても取引になりません。

お客様は確かに解決できない問題を抱えており、展示会であなたの会社の製品や技術は問題を解決できる、それもデータや資料を見てお客様は納得してくれました。ところがすでにその製品は試作が終わって量産に移行する段階に入っていると、お客様はあなたの会社のものを採用できません。なぜなら採用して量産品を切り替えるためには、それが問題ないかどうかを入念に評価しなければならないからです。この評価には多くの手間と時間がかかります。従って例え良いものでも今は使えないのです。

そしてお客様の新製品の開発サイクルが2年であれば、次の採用は2年後になってしまいます。展示会で「とても良い。使いたい」と言ったのに、その後音沙汰がない、連絡しても反応が弱いという背景には、このようなことがあったりします。

では、どうしたら良いでしょうか。

この場合はお客様に忘れられないように時折フォローツールを使ってお客様に情報提供をします。そしてあなたの会社の名前とその良さを覚えていてもらえれば、次のタイミングで声をかけてもらえます。

(4) お客様から行動する仕掛け

ＢｔｏＢの新規開拓でも、お客様が自ら行動するような仕掛けをすることもあります。具体的にはお客様がお金を払わずに、こちらから何かを提供する方法です。企業は、お金を払うためには上司の決済が必要になります。もし若い技術者があなたの会社の製品や技術に興味があり、試しに使いたいと思っても、テスト品を買うには上司に説明しなければなりません。そのためには資料を用意したり、ときには上司を説得しなければなりません。そうなると「面倒だからやめておこう」となってしまいます。

そこでこういったサンプル製作やテスト加工、データ取りをあなたの会社が無料で行えば、担当者も気軽にお願いできます。ただしこれを繰り返していると、お客様はサンプルやテストは無料と思うようになってしまうので、最初だけ特別であることを伝えます。こういった無料サンプルや無料のテストはお客様にとっては、心理的に「～をしてもらった」という気持ちになります。つまりあなたに対して「心理的な負債」がひとつできます。その結果、その後にあなたから訪問したいとお願いしても断りにくくなります。

同様に展示会でもお客様が自ら行動するような仕掛けをつくることもできます。例えば無料資料請求、無料サンプルや無料テスト加工などです。これはお客様が自ら行動することで、取引というゴールに向けて一歩階段を上ったことになります。その後の訪問のアポ取りが容易になります。

ただし、お客様に行動してもらうためには、この無料資料請求、無料サンプルや無料テスト加工は期限を決めておきます。期限を決めておかないと、お客様は決断しません。決断にはリスクを伴います。特に人はできることならそのようなリスクは避けたいと考え、決断はできるだけ後回しにします。

ＢｔｏＢの取引では、先に述べたように新たな企業と取引すること自体にリスクがあります。つまりお客様の深層心理では「決断したくない」のです。そこでリスクを乗り越え決断を促すような期限を設けます。つまり、「いつやる？　今でしょ！」という状況をつくります。

Ⅶ　価格でないお客様に出会うために展示会の活用

このように製造業の新規開拓のポイントは、安く作ってくれるところを探しているお客様でなく、自社の技術に関心を持っているお客様にＰＲすることです。そのためには、自社の技術の良い点を絞り込んでＰＲします。ただし、そうなるとＰＲする内容が、限られた分野やニッチなものになりがちです。そしてニッチになればなるほど、お客様になる可能性のある会社の数が少なくなります。

そうなると広い範囲に点々と存在するお客様にＰＲしなければなりません。マンパワーとお金があれば、営業の数を増やして飛び込み訪問したり、ＤＭを大量に送る方法もありますが、現実には中小企業ではこれは容易ではありません。

その点、展示会では、効率よく自社に関心を持ったお客様と会うことができます。大きな展示会では全国から何万人もの人が来ます。そのため1日でお客様の名刺を100枚集めることも可能です。一方欠点は、お客様の範囲が広くなることです。特に首都圏で開催される大規模な展示会には、お客様も全国から、さらに遠くは海外からも来ます。関心を持ってくれたお客様がとても遠いということも起きます。そういった遠くのお客様にどう対応するのか、どこまで商圏を広げるのか、これは事前に決めておいてくださいね。

現在、全国で多くの展示会が開催されていているので、ビジネスチャンスは非常に多いといえます。地域によっては、県や市などの行政機関や商工会議所が、東京の大きな展示会に団体で出展し、地元の企業に安くブースを提供しています。こういった機会を活かせば、少ない費用で大都市の展示会に出展できますよね。

ただ「出展したけど全然成果がなかった」という企業もあります。あるいは「1回出たけど成果がなかったからもう出ない」という経営者もいました。なぜこうしたことが起きるのでしょうか?

実は大企業と中小企業では、展示会に対する考え方が大きく違います。大企業の展示をイメージして、お金をかけてきらびやかな展示をすればブースにはたくさんのお客様が来てくれます。しかし中小企業はそれで取引先が劇的に増えることはありません。中小企業には中小企業にあった出展の仕方があるのです。この中小企業に合った展示のやり方について、第6章で詳しく紹介します。

最後に、なぜ一社竹鉄工は苦境に陥ったのでしょうか?

現実には一社竹鉄工が受注した仕事は国内では成り立たないような価格になっていました。Y社は海外への生産移管、海外からの調達と比較し、発注価格を決めました、その結果、国内の部品メーカーは人件費の低い海外との競争になっていました。従ってもっと早くこの仕事から撤退する必要がありました。しかし他に主だった受注がなかったことと、この製品のために設備投資もしたために、他の取引先を探すのが遅れてしまいました。

一方新規開拓工業は、かつて1社依存で非常に苦しい思いをしたため、その後新規開拓を継続し、取引先を増やしていました。取引先が多く受注を確保しているため、利益の出ない案件は断ることができました。

けれども部品加工のような業種は、新たなお客様を探すのが容易ではありません。そこで価格競争にならず、あなたの会社の良い点に目を向けてもらい取引するために、展示会はとても有効な方法です。

それでは、全く未経験の中小企業がどのようにして展示会で新規のお客様とつながることができたのか、次の章で実例をご紹介します。

第2章
初めての出展から成果が出るまで

照井清一

新規開拓に展示会が効果的だと分かっても、最初の出展では失敗することも多く、多くの企業は何度か出展する間にコツがわかってきて、ようやく新規の取引が生まれるようになります。第２章では、最初の失敗を糧にお客様の求めているものが何かを考え、そこを改善することで、今までと違う分野のお客様を獲得した三晴工業有限会社の例をご紹介します。

照井　「三晴工業有限会社の稲垣社長は、展示会を活用して新規開拓に取り組まれ、着実に成果が出ているとお聞きしました。まず御社の事業を教えてください」

稲垣社長「当社はネジの緩み止めコーティング加工と、金物部品の樹脂コーティング加工を行っています。主なお客様は自動車部品メーカーです。緩み止めにはナイロンコーティングとポリエチレンコーティングがあり、それぞれ特徴があります。弊社はそのどちらにも対応していて、お客様の目的に合ったコーティング方法を提案しています。様々な種類のコーティングの対応とお客様への提案力が当社の強みです。また今まで自動車部品メーカーの厳しい要求に応えてきた高い品質も当社の売りのひとつです。

　2009年のリーマンショックの前までは自動車メーカーの好調に支えられ、受注は順調でした。しかし2009年のリーマンショックでは受注が大きく落ち込み、『これは自動車以外の業界の開拓をしなくては』と感じました。

　といっても、今まで自動車部品業界しか接点がなく、他の業界にどうやってPRしたらよいのか全く見当がつきませんでした」

照井　「そこで稲垣社長が注目したのが展示会だったのですね」

稲垣社長　「そう、展示会は、以前から関心があったので勉強のためにいろいろな展示会を見に行っていたんです。それでイメージをつかんで、地元愛知県の「異業種交流展示会　メッセナゴヤ」に出展しました。しかし出展したら、ブースに来たのが5人くらいだったかな。実際に出展してみると、外から見たのとは随分違っていましたね」

照井　「どんなことでしょうか」

【ネジの緩み止め加工】

【金物の樹脂コーティング加工】

稲垣社長「まず、意外とお金がかかること。ブース出展料以外に展示物の制作費などいろいろかかるので「これだけかけて、どれだけの効果があるのだろうか」と考えてしまった。そして、そんなにお金もかけられないので展示パネルなどは自分でつくったんです。それとせっかく出展するには、いろいろとＰＲしたいので、製品サンプルをたくさん持って行ったんです」

照井「その結果どうでしたか」

稲垣社長「思ったほど注目してもらえなくて、ブースにもあまり人が入らなかったね」

照井「その翌年、株式会社コムズ主催のセミナーに参加されたのですね」

稲垣社長「次はしっかりと準備したいと思っていたところ、照井先生のセミナーがあったので参加したんです。セミナー前半は、『誰に何を見せるか？』なんて今まであまり考えたことがなかったんで大変だった。セミナー後半は、実際のブースを使ってお客さんの動きや接客方法なんかを確認できたのがよかった」

照井「その結果、どのような変化がありましたか」

稲垣社長「セミナーを聞いて、お客様の視点で見せ方を考えるようになっ

【株式会社コムズ主催の展示会セミナー】

【セミナー会場での模擬ブース】

たことかな。それでお客様が求めているのは『緩まないネジ』なんだと気づきました。そこで展示会ではこれを全面的に打ち出したんです。

また、ショーケースにネジを入れて展示したら多くの方が注目しましたね。ショーケースで興味を持ったお客様がブース内のパネルに気づいて、ブースに入るという流れができてきたんです。その結果、多くの方がブースに入ってくれて、初回と違って見積依頼やサンプル加工の引き合いが何件かありましたね」

照井「他にも展示会に出展して意外な効果があったそうですが……」

稲垣社長「意外だったのは、メッセナゴヤの出展者もお客様だったことです。展示会の間、出展企業の人も、空き時間を見つけて他社のブースを回っていて、そういった人たちがうちのブースの前を通った時、緩まないネジに関心を持ってくれました。会場では、そんなに問い合わせはなかったけど、終わった後に問合せをもらうことが多かったですね。でも、もともと会場でうちの製品に関心を持っているから、その後の商談もスムーズにいきました」

照井「その後も定期的に展示会に出展されているそうですが、継続して出展することで効果はありましたか」

稲垣社長「まず回数を重ねるにつれてコツがわかってきて、やはり展示会では、お客様にうちのブースに気づいてもらわなければ話にならない。そこでポイントを「緩まないネジ」1点に絞ったら、お客様の反応が変わりましたね。あと、うちの特徴は社長である私自身のキャラクターだと気づいたことですね。それで社長の顔写真を全面的に出すようにしたら、毎年来場するお客様が

「去年もこのブースあったなあ」と気づいて、2年目に来ていただくようになりましたね。
それとお客様に気づいてもらうには、装飾やパネルなどの展示物のクオリティも重要だと気づきました。最初は費用対効果が不安だったから、自社で製作していたけど、やはり餅は餅屋に任せるべきですね。プロに頼んだら視覚に強く訴えるものになって、お客様の反応も変わりました。パネルやポスターは何回も使用できるため、決して高くないと思うよ」

照井「一方中小企業の場合、展示会に出展されてもその後の営業にまで手が回らないことも多いのですが、その点ではどのようにされていますか」

稲垣社長「うちでも展示会で関心を持ってくれて名刺交換しても、すべて訪問することは無理ですね。だからホームページで商品の特徴、良さを分かりやすく伝えるようにしています。展示会だけでは伝えきれないこともホームページではより詳しく伝えることができます。
またホームページでも社長のキャラクターを全面に出したので、展示会でブースに来たお客様がホームページを見ても、すぐに思い出してくれますね。
パンフレットなどは展示会で持って帰っても、その後資料の中に紛れ込んでしまうけど、ホームページはお客様が覚えてさえいれば、いつでも必要な時に見てもらうことができます。この点は紙媒体にはない良さがありますね。そこで覚えていてもらうために、社長のキャラクターで強いインパクトを狙っています」

照井「なるほど、関心を持っていただいたお客様への次のステップとしてホームページを工夫しているわけですね」

稲垣社長「そうそう、展示会とホームページが相乗効果を発揮することで、自動車業界以外のお客様ともつながりを持つことができ、そこからの受注も徐々に増えているんです。

それとホームページ単独でもできるだけ多くのお客様に見てもらえるように工夫しています。最近は自動車以外の業界でもネジの信頼性に対する要求は高くなっていて、お客様の中には、取引先から突然「緩み止め加工したネジ」を使うように指示されて、あちこち調べて困ったあげく、うちにたどり着いた方も結構います」

照井「そうなんですか。ところで新規のお客様が増えることで、経営的な変化はありましたか」

稲垣社長「実際はお客様の注文の中には、ロットが小さかったり、手間がかかったりするものもあって、単独の受注として見れば良い案件でないものもあります。でも、お客様の要望を聞いて丁寧な対応をして、それでお客様が満足すれば、これが次の受注につながっています。

自動車業界は、今後ＥＶや自動運転など次世代自動車が出てきてサプライチェーンが大きく変わる可能性もあります。私たちも既存のお客様だけで将来も安定した受注があるとは限らないので、これからも展示会を活用していろいろな分野のお客様に販路を広げて、受注の拡大と安定した経営を目指していきたいですね」

【有限会社三晴工業】

愛知県安城市宇頭茶屋町北裏14番地

ネジの緩み止め加工は、有機溶剤系、水溶性、ナイロン樹脂系、シール用など用途に応じて様々な加工に対応。樹脂コーティングは粉末パウダーにより部分コーティングや細部へも均一な被膜形成が可能で樹脂はナイロンやポリエチレンなど。

ＵＲＬ：http://miharu-ind.com/

第3章

展示会による新規開拓とは？その全体像

照井清一

Ⅰ　展示会は新規開拓に有効？

(1)　不確定な時代、新規開拓が必要

第1章では苦境に陥った一社竹鉄工を例に、取引先が限られていることの問題点をお伝えしました。そして積極的に新規開拓することで受注を常に確保しているため、利益の出ない受注は断っている新規開拓工業の例もお伝えしました。

実は部品加工メーカーは時間が経つと取引先が集約されてしまう傾向があります。特に景気の変動によって受注の波の激しい業界では、その傾向が強くなります。好景気の時にはこなしきれない量の受注が来るため、発注元は生産量を維持するために、なんとか必要な量をつくってくれるように強く言ってきます。その結果、工場はその取引先の仕事で一杯になり、他の会社の少量の受注は断わらざる得なくなります。また大量に発注してくるお客様の仕事の方が、効率が良く利益も出るので現場もそちらを優先します。一方断られた会社は他の受注先を探し、次は頼まなくなります。こうして受注が少ない時に頑張って新規開拓したお客様が繁忙期を過ぎるといつの間にか消えてしまいます。

一方国内の生産が右肩上がりだった時代は、受注価格もまだよかったのですが、現在は国内の生産は横ばい、業界によっては右肩下がりになっています。そうなると受注を求めて多くの部品メーカーが発注元にやってくるので価格競争になります。しかも現在は大手企業でも事業の再編や譲渡が行われる時代です。今は利益率の高い受注をくれる取引先がいつ海外調達を考えるか分かりません。あるいは突然事業譲渡されてしまうかもしれません。そのように考えると、経営を安定させるためにも新規開拓は必須です。

(2)　新規開拓はどうやって行う?

ではどうやって新規開拓を行えばよいでしょうか?

かつては製造業の新規開拓の多くは紹介でした。これは取引先も比較的近くで取引することを望んでいたため、近くで発注先を探すには紹介は有効な方法でした。しかし今日は発注元も遠くても自分たちが望むコストや品質を実現してくれるところを探しています。最も良い会社が海外であれば、海外とも取引します。そのような状況では、すでにある会社と取引している仕事を受注しようとすれば、どうしても価格を下げざるを得ません。その結果、利益率の低い受注になってしまいます。

そこで第1章で述べたように、自社、つまりあなたの会社の良い点、得意な点を活かしてお客様の困っていること、既存の取引先ではうまくいっていないところが解決できれば、他の取引先との価格競争を避けることができます。現実にはそれほど簡単ではありませんが、あくまでこちらから提案するという意識が新規開拓では重要です。

では、誰に提案するかというと、価格以外で困っている人です。価格以外で課題を抱えているのは、大抵は購買以外の部門の方です。例えば、設計、開発、生産技術、品質保証などの部門です。彼らにうまく提案して、気に入ってもらえれば彼らから購買に働きかけてくれます。

その場合、このお客様にアプローチするにはどのような方法があるでしょうか?

一般的には、お客様へのアプローチは以下のような方法があります。

○テレアポ、あるいは飛込営業
○紹介
○ビジネスマッチング会
○展示会
○DM（ダイレクトメール、FAX DMなど）

その中で、設計などの技術者と会おうとすると上記の方法の中でできることは限られてきます。テレアポでは、まずそのようなお客様の電話番号がわかりません。外部からわかるのは代表番号ですが、そこに電話して設計の方をお願いしても、名前がわからなければ取り次いでもらえません。同様に飛び込みで訪問しても、そのような技術者に取り次いでもらえません。

誰かに紹介してもらっていく場合、紹介してもらった方が技術者であればとてもありがたいです。しかし紹介してもらった先が、そうでない場合、提案できるネタを用意しておけば、「○○を提案したいので設計に会わせてください」とお願いして、取り次いでもらえる可能性があります。ただし紹介は数が限られる欠点があります。

ビジネスマッチング会は、すでにお互いが発注する意思と受注する意思を持って臨むため、効率の良い商談ができます。一方前述のように大抵ビジネスマッチングでの相手は購買担当です。そのため、価格重視の商談になりがちです。

展示会はそのようなターゲットとなる技術者の方が多数来場するため、出会う可能性は高くなります。しかも数日間で業界の異なる多数の会社の技術者と出会うことができます。一方、会場に来たお客様がすべてあなたの会社のブースに入ってくれるわけではありません。そこで会いたいお客様にブースに入ってもらうための工夫が必要なります。

ＤＭはＰＲしたい内容がはっきりしていれば効果が期待できます。しかし案内すべき相手の名前がわからないと、ＤＭの開封率が下がります。そこで展示会で名刺交換した相手に対してピンポイントでＤＭを送れば、開封率は高くなります。つまり展示会とＤＭのコンビネーションです。これについては第8章で詳しく説明します。

(1) 展示会のメリット

このように考えると展示会は、普段会うことができないお客様に一度に数多く出会うことができるのが最大のメリットです。そしてお客様となる技術者に提案して新規開拓を行うことを考えると、他に効率の良い方法がないとも言えます。紹介では、技術者を紹介してもらえる可能性は低くなりますし、他者が来場します。一方展示会は最新の情報や製品を求めて多数の技術者が来場します。

また展示会は、展示品という現物でPRすることができます。現物や展示パネルで視覚的に訴えることでお客様に深く理解していただくことができます。

従って新規開拓における展示会のメリットは、

○設計や生産技術など他ではなかなか会えないお客様と会うことができる
○展示品、展示パネルで視覚的に訴えることができる
○デモ機や実験装置で実際の動きや操作体験、実験の確認をしていただける
○短時間で効率よくPRすることができる
○ブース展示の仕方によっては、中小企業でも大きな会社に見せられる

このように考えると中小企業にとって、展示会での新規開拓は、有効な手段です。

一方デメリットとしては、

○お客様が遠くから来る場合もあり、商圏範囲が広くなる
○展示品、ブース装飾、出展料などにお金がかかる
○展示会の間スタッフとして社員が抜けるため、他の社員への負担が大きい

○会場では商談まではなかなか至らないので後日フォローが必要が挙げられます。

Ⅱ　展示会営業の手順

では、展示会で新規開拓を成功するためにはどのように取り組めばよいでしょうか。概要を次頁の図に示します。

(1)　手順1　何に出でるか？　計画と選定

最初に大切なのは、展示会の成功をどこにするかです。大抵の場合は名刺交換して名刺が○○枚集まったことを成果とします。この場合は、その名刺を使ってお客様にこちらからアプローチする必要があります。時には、お客様からアプローチしてもらうことを考える場合もあります。その場合展示会のやり方にコツが必要になってきます。

次に展示会出展する展示会を決めます。展示会にはいろいろな展示会があり、目的に合わせて選びます。展示会が決まれば出展料と日程も決まります。

(2)　手順2　何を訴えるのか？　PR内容

出展するテーマを決めます。つまりお客様に何を訴えるのかを決めます。中小企業の場合は、大抵は

手順1	何に出るのか？　計画と選定	●展示会の選定 ●展示会のゴールを決める ●予算と費用対効果の検討 ●具体的な計画作成
手順2	何を訴えるのか？　内容	●課題解決型営業のポイント ●お客様を引き付けること→自分の困りごと ●自社の良い点（強み）からお客様の困りごとを見つける ●自社の強みを見つける方法 ●困りごとから解決までをストーリー化
手順3	何を見せるのか？　展示物	●ブースのキャッチコピー ●展示物のポイント ●展示パネルのつくり方 ●ブース装飾のポイント ●サンプル、ノベルティ、ユニフォームなど
手順4	当日の行動	●ブースレイアウトのポイント ●事前準備とスタッフの役割分担 ●ブースのＮＧ集 ●トークの準備とロールプレイング ●1日の流れ
手順5	成約に向けて　フォロー	●展示会後のお客様へのアプローチの仕方 ●有望なお客様への訪問とクロージング ●その他のお客様へのフォロー営業 ●フォロー営業のやり方と媒体

テーマをひとつに絞ります。テーマが決まれば、それに合わせて展示パネルや展示物が用意できます。このテーマを決めるためには、お客様の課題を考える必要があります。このやり方は第5章で詳しく述べます。

(3) 手順3　何を見せるのか？ 展示物

ブースでお客様に見ていただくものは、展示物と展示パネルです。お客様にあなたの会社に関心を持ってもらうためにはこの部分が最も大切です。この作り方は、第6章で詳しく述べます。他に出展に当たり用意するものは以下の6点です。

- キャッチコピー　お客様に困りごとに訴えるメッセージ
- 展示物
- 展示パネル
- ブース装飾
- サンプル・ノベルティ（必要であれば）
- その他ユニフォームなど

(4) 手順4　当日の行動

ブースに入ったお客様に簡潔に説明するために、事前に説明トークを練習します。また慣れていないスタッフには名刺交換も練習しておくと良いですね。また展示会の経験がないとやってしまいがちなNG行動もあります。具体的な内容は第7章で詳しく説明します。

(5) 手順5 成約に向けて フォロー

展示会が終わったら、ほっと一息つきたいですよね。仕事も溜まっているし。しかし、その後何もしなければ新規開拓の可能性は低くなってしまいます。まず取引できる可能性が高いお客様には、アポを取って訪問します。これに対して取引できる可能性が低いお客様も一度は関心を持ってくれたわけですから、取引できる可能性はまだ残っています。このお客様には、すぐに訪問せずフォローツールを使って忘れられないようにし、お客様から声がかかるまで待ちます。こうすることでより多くのお客様を獲得できます。

この具体的なポイントは第8章で述べます。

第4章

〈手順1〉展示会の計画と展示会の選定

照井清一

手順1の全体像

手順1は、展示会の選定から予算、計画です。これらの概要を以下に示します。

節	内容	項目
Ⅰ節	計画	●出展の決定と費用対効果 ●なぜ計画を立てる必要があるのか
Ⅱ節	展示会のゴールを決める	●展示会の４つのゴール ●名前を知る、良さを知る、欲しいと思う、受注 ●大企業と中小企業は展示会のゴールが違う
Ⅲ節	どんな展示会に出るのか	●展示会の種類：専門分野、異業種交流、地方展 ●失敗しない展示会選び ●お客様の来る展示会、営業範囲

Ⅳ節　予算と費用対効果

●展示会の出展費用　展示会の違い
●ブースの小間数（1〜3コマの違い）
●ブース装飾
●費用対効果（顧客獲得費用の計算）

Ⅴ節　具体的な計画

(1) 集客の数値計画
(2) やるべき内容
●取り組む内容（制作物・展示物、シナリオ、リハーサル、本番、フォロー）
●日程計画

コラム

矢瑠鹿内（やるしかない）君の失敗　ぶっつけ本番で挑んで失敗

県の産業振興センターで展示会の出展を勧められた腕達工業の腕達社長は、入社5年目の営業兼生産管理担当、矢瑠鹿内君に展示会の担当を命じました。

腕達社長「矢瑠鹿内君、君も知っての通りわが社の売上は年々減少していて、このままY社とだけ取引を続けていては遠からず赤字になってしまう。今のうちに新しい取引先を開拓してY社に加えて売上の柱となるお客様を作らなければならない。

そこで先日、産業振興センターに相談に行ったら展示会の出展を勧められた。以前ある会社が展示会を活用して、あのX社と新たに取引を始めたそうだ。そこで矢瑠鹿内君、ぜひ展示会で新しい取引先を見つけてくれないか」

矢瑠鹿内「えーっ、展示会なんて、どうやってやったらいいか全然わからないんですけど」

腕達社長「産業振興センターから展示会出展のパンフレットをもらってきたんだ。これを見ながらやってくれないか」

矢瑠鹿内「はい・・・・」

今まで展示会の見学もしたことがない矢瑠鹿内君、もらったパンフレットを眺めました。読んでみると、サンプルを机の上に並べて、パネルで説明すればよいようでした。次にインターネットで展示会出展について調べました。華やかなブースやきれいなコスチュームの女性が写っていました。でも自分の会社がそんなお金をかけられるとはとても思えません。

悩んでいるうちにどんどん時間が過ぎてしまい、腕達社長が申し込んだ県の産業振興センター主催の展示会の日が近づいてきました。何を準備してよいのか分からず、「とにかく会社を紹介するパネル、サンプルと会社案内のパンフレットがあればいいだろう」と考えました。パネルは、会社のパンフレットを大きく引き伸ばしたものを印刷会社でパネルにしてもらいました。サンプルは、会社のショーケースにある部品を適当に選んで持って行くつもりでした。

ところが展示会前日、会社のライトバンに積むためにショーケースのサンプルをプラ箱に入れていたところを工場長に見つかってしまいました。

工場長　「矢瑠鹿内君、このサンプルはY社の部品だろ。展示会に出しているのがY社に見つかったらマズイぞ！」

矢瑠鹿内　「えっ！　でも、Y社の部品が出せないと、展示できるサンプルが全然ないんですけど」

工場長　「我々はお客様に対して、守秘義務があるんだ。お客様の許可なくして、勝手に部品を他の人に見せるわけにはいかないよ」

矢瑠鹿内　「でもショーケースに入ってましたよね」

工場長　「ショーケースは社内だから、まだ大目に見てもらっているんだ。でも展示会はまずいぞ。だからホームページにも載せてないだろ」

【誰もみてくれないブース】

困ってしまった矢瑠鹿内君、他には、20年以上前の古いサンプルしかありません。やむなくそれだけを持って展示会に行きました。

展示会当日、ブースの壁にパネルを掛け、机の上にサンプルを並べました。そして手前の椅子に座って、ひたすら待っていました。しかし、通りゆく人は誰も声をかけてきません。たまに声をかけてくるのは「ホームページ作りませんか」、「求人広告を出しませんか」という腕達工業へのセールスでした。こうして1日が過ぎていきました。

2日目の午後、会場に様子を見に来た腕達社長は、誰もいないブースを見て愕然とし、「少しはお金をかけないとダメなのかなあ」と呟きました。

I　計画

まず一番大事なことは、展示会に出展すると決定することです。そして展示会に出展することで、5年後、10年後の売上、しかも良いお客様と関係を築いて利益率の高い売上をつくると決意することです。展示会による新規開拓は、成果が出るまで時間がかかります。「出展、即受注！」のような気持ちで出展すると、思ったような反応がなく、これが続くと心が折れてしまいます。そうならないために、経営者が「5年後、10年後の売上をつくり経営を安定させる！」と決意し継続して取り組むことが大切です。実際には小規模な地方の展示会でも数十万円、大規模な展示会では100万円以上の費用がかかりま

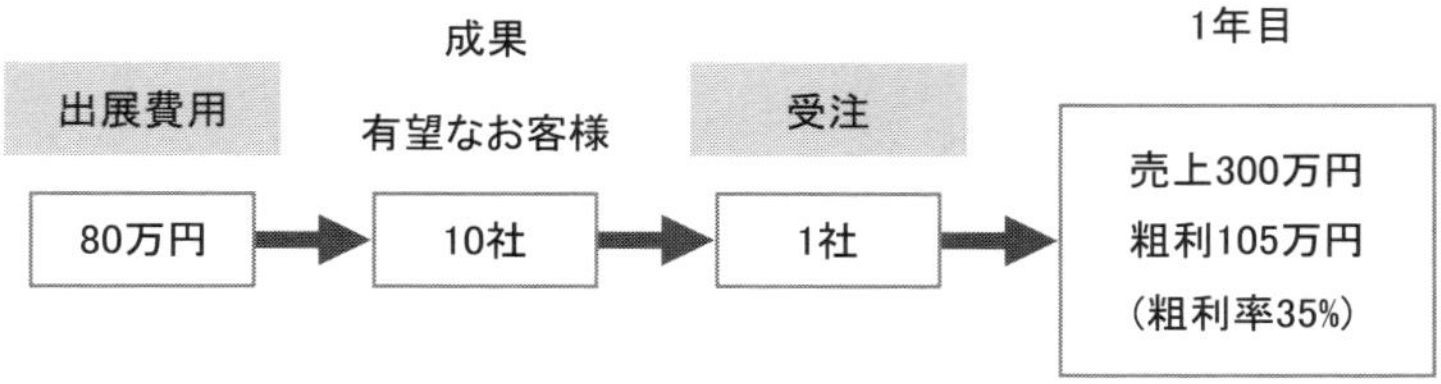

す。しかもそれだけお金をかけても確実に受注が得られる保証はなく、成果のわからないものに投資するわけですから勇気がいります。そこで「今期は展示会に出展して、新規のお客様を１社獲得する」とまず決意します。その次に、いくらかけて、個々の展示会でどんな成果を期待するのか考えます。この費用については上の図のようなイメージを持ってもらうと良いです。

80万円かけて出展し、多くのお客様と名刺交換しました。その中で特に有望なお客様が10社あり、この10社を訪問して営業したところ１社から注文を頂くことができました。その後、その会社との取引が１年間で３００万円になりました。そして３００万円の売上に対し、粗利１０５万円が得られました（粗利率35％）。そうなると、80万円投資しても、１０５万円の粗利が得られたので、投資は成功と考えます。実際には、このお客様は１年だけでなく、その後も継続して受注できれば、効果はもっと高くなります。

そして出展を決めるということは、出展だけでなくその後の営業も含めて、新規開拓にある程度社内のリソースを割くことを決定することになります。

出展することが決まれば、次に出展する展示会を決めます。展示会の選定については４節に詳しく述べています。そして展示会が決まれば、日程も決まり、そこから逆算して準備期間も決まります。

(1) 計画は必要？ 出展までにやることは多い

展示会の出展について半年も前から計画し準備している中小企業はそう多くないと思います。展示会の出展が決まったら、担当者を決めて準備は任せっぱなしになっている会社が多いのではないでしょうか。

今まで述べたように展示会は、当日までに多くのことをやらなければなりません。中でも重要なのが「どんなお客様を想定して、どのようにPRするのか」、「どんなサンプルをつくるのか」という点です。ここがあいまいだと期待した成果がなかなか得られません。

そしてこの部分をつくるには時間がかかります。そのため計画を立てて着実に進めていく必要があります。さらに計画をつくっておかないと次のような問題が起きます。

●何をすればいいのか分からない

おそらく初めて展示会に出展する場合は、何をどこまで準備して良いかわからないと思います。主催者から渡される資料には、設営や当日のスケジュール等は、細かく書かれていますが、「実際にどのようなPRをすればよいか」については詳しく書いてありません。その結果、とりあえずサンプルとパネルだけを用意して出展し、矢瑠鹿内君のような結果になってしまいます。そうならないために、やるべきことを明らかにし、計画を立てて確実に実行します。

●本番が思ったよりも早く来て準備が間に合わない

大抵の企業では、担当者が展示会を任されても、展示会の仕事に専念できるわけではありません。今の仕事に加えて展示会の準備をする会社が大半です。そして実際には自分の仕事に追われて、なかなか展示会の準備にかかれないものです。気がつけば本番が間近に迫り、慌てて展示物の制作を依頼したりします。時には制作会社に依頼したのでは間に合わず、自分で作る羽目になったりします。これは計画がなかったために制作物を依頼する締め切りがあいまいになっていたためです。全体の日程の中で制作物を依頼する締め切りを決めておけば、忙しい中でも人はなんとか間に合わせるものです。

日程が遅れるもうひとつの理由は、展示会の準備のような仕事は担当者がやったことがない仕事だからです。どうしても人はやりやすい仕事、楽な仕事から先にやります。そしてやったことがない仕事は、後回しにします。本当はやったことがない仕事こそ、早く手を付けて、問題が早く分かるようにしなければならないのですが。

●急いでつくったために制作物が高くなる ～安くするには、早く依頼する～

パネルやサンプル、印刷物を制作する際に、安く制作するコツは、早く取り掛かることです。パネルやサンプルをつくったことがなければ適切な費用はわかりません。いくらが適正か知るには、複数の業者に相見積を取って比較しなければなりません。しかし日程に余裕がないと相見積を取る時間がなくなってしまいます。例え相見積で安い業者が見つかっても、今度は納期がネックになって発注できなくなります。

納期がなくても間に合わせてくれる業者もあるかもしれませんが、じっくりアイデアを練ることができないため、今度は質が犠牲になります。早く依頼すれば、業者は時間をかけてじっくりと練ることができ、良いものができるのに、納期ギリギリになってしまうと業者はバタバタと忙しく結果的に高いものになってしまいます。

(2) 計画に必要なもの

展示会の計画とは、展示会の選定、出展内容、展示会での活動から、展示会終了後のフォローまで計画することです。展示会に出展し、成約するまでには次の手順があります。

○展示会の選定
○出展までのスケジュール
○出展内容の確定と展示物の準備
○展示会本番での活動
○展示会終了後のフォロー活動

計画の具体的な内容はV節で説明します。

Ⅱ　展示会のゴールを決めましょう

展示会の成果とは何でしょうか？　どういう結果が得られれば成功でしょうか？

これを最初の段階ではっきりと決めておきましょう。

そう聞くと「何をいまさら、そんなことを言うのか。新規開拓に決まっているじゃないか」と思うかもしれません。残念ながらＢｔｏＢの新規開拓では、展示会でお客様が気に入ってもそれですぐに発注することはありません。正式に取引が始まるまでには、いろいろな段階があります。特に大きな企業ほどいろいろな審査や手続きがあり、その途中で不採用ということも起きます。従って展示会のゴールは、発注のもっと前の段階になります。

(1)　４つの展示会のゴール

展示会のゴールは次の４段階があります。

①　あなたの会社（あるいは商品や技術）の**名前を知ってもらう**
大企業が展示会に出展する場合は、自社の存在を知ってもらう、あるいはイメージアップが目的で、展示会の結果、直接的に売上アップを求めていないことがあります。あるいは、②の良さを知ってもらうことを目指していることもあります。

【展示会の４種類のゴール「腕達工業の場合」】

① 名前を知ってもらう	② 良さを知ってもらう
腕達工業株式会社 精密機械加工	高精度加工ができる 品質が高い 様々な提案力がある

③ 欲しいと思ってもらう	④ 引き合いをもらう
今困っている部品は、 腕達工業なら解決できる かもしれない	打合せに来て欲しい 見積が欲しい

② あなたの会社の商品や技術の良さを知ってもらう

①よりも積極的に良いと思ってもらうことです。

③ あなたの会社の商品や技術を欲しいと思ってもらう

中小企業の場合、ブースに来たお客様に、「これは良い」と思ってもらう、あるいはより積極的に「これは欲しい」と思ってもらうようにしたいところです。

④ あなたの会社の商品や技術を気に入って引合をもらう

お客様に買いたいと思ってもらうためには、「良い」だけでなく、「買う」という決断を促すような仕掛けが必要になります。

このように①から④へ向かうに従い、乗り越えなければならないお客様の心理的なハードルが高くなります。そして①から④へと向かうほど、そのハードルを乗り越えるような仕掛けが必要になります。つまり展示会のゴールによって、展示会の選定から展示の仕方、スタッフの行動まで変わってしまうのです。

(2) 大企業と中小企業は展示会のゴールが違う

広いブースを使って華々しくＰＲしている大企業は、展示会のゴールが実は①や②であることが多いのです。意外かもしれませんが、大企業は展示会に直接的な成果を期待していません。つまり展示会で新たなお客様の獲得を期待していないのです。本当かなと疑問に思ったら一度大企業のブースを訪問し、名刺交換をしてみてください。後日何のフォローもないことがほとんどですから。

私自身、展示会で技術説明員として何度もブースに立ちましたが、営業の人がお客様の質問や問合せに全然対応してくれなくて困ったことがあります。お客様の質問の中には、営業でないと答えられない質問もありますが、そういう時でも営業の人は対応してくれないのです。まあ当時、私たちが出展していた展示会は、ブース来場者の半数くらいがライバル企業という事情もありましたが。つまり、その会社は初めて自社のブースに来た方が、自分たちのお客様になるとは思っていなかったのです。

では、どうして展示会に出展するかというと、今までのお客様に対して自社の存在をアピールするためです。新たなお客様と新規の取引することもありますが、その場合も営業がブースにご案内してきました。従って、この本で述べているような面識のないお客様にブースに入っていただき、新たな取引をすることは考えていなかったのです。競合に情報が伝わるのを警戒して、展示パネルに詳しい仕様を書かないこともありました。そして特別なお客様には、営業が説明資料を持っていて、それを元に説明していました。従って展示会は、今までのお客様に自社の存在をアピールして、つなぎとめておく場であり、新規のお客様を獲得することは考えていなかったのです。

しかし一般的に知名度が低い中小企業は、展示会のゴールが、②の「お客様にあなたの会社の商品や技術の良さを知ってもらう」だけでは不十分です。なぜならあなたの会社の良さを知ってもらっても、忙しいお客様はじきに忘れてしまうからです。展示会はお客様にとって情報収集の場であり、1日にたくさんのブースを回ります。そして非常に多くの情報が入ってきます。ブースでお客様にいろいろと説明して、あなたの会社の商品や技術を気に入ってもらっても、お客様は同じようなことを他のブースでも体験しています。せっかく「知ってもらって」も、他の多くの情報に埋もれて、忘れられてしまいます。こうなると後日アポ取りのために電話しても、「それなんでしたっけ?」ということになってしまいます。がっかりしますよね。

しかし知ってもらうだけでなく、お客様が「この会社に頼みたい」と思うようになったらどうでしょうか。それくらい強い印象を残すことができれば、後の営業が全然変わるのではないでしょうか。

そのためには展示会の前に展示会のゴールをしっかりと決めておきましょう。

Ⅲ どんな展示会に出るのか

一口に展示会といっても、どんな展示会があるのでしょうか。実は展示会には地方都市での小さな展示会から、東京で行われる大規模なものまで様々なものがあります。しかし大別すると次の3つに分類できます。

○専門分野の展示会
○異業種交流的な展示会
○地方の展示会

これらを、自社の出展目的に応じて使い分ける必要があります。

(1)　3つの展示会の種類と特徴

①　専門分野の展示会（例　国際工作機械見本市、国際食品・飲料展、ギフト・ショーなど）

業種、分野を特定した展示会です。多くの業界では、1年～2年に1回の割合で業界の目玉となるような展示会が開催されます。こういった展示会には、情報収集のためにその業界の関係者が多数来場します。反面業界に関係のない方はあまり来ないので、その業界の企業をターゲットにする場合、とても効果の高い展示会です。ただ分野が専門的になると展示会の規模が小さくなり来場者数はぐっと少なくなります。それでもその業界の主だった人たちが集まってくるので、その分野の企業と接触するためにはとても有効です。来場者が少ないからといってあなどれません。

例えば、特に業界を絞っていない異業種交流的な展示会に来場する3万人の来場者数と、特定の業界に絞った展示会に来場する5千人では、後者の方が自社の見込み客に出会う確率は高くなります。

こういった特定の専門分野の展示会では、その分野の専門的なセミナーや業界最新の講演会が行われます。これを目当てに大手企業の設計・開発などの技術者も来ます。第1章で述べたように、製造業の新規開拓の場合、購買や調達の部門にＰＲしても、どうしても価格ありきの話になってしまいます。あなたの会社の技術やノウハウの価値を理解してくれるのは、設計・開発や生産技術などの技術者の可能性が高いです。そのため、本書では一貫して「どうやって彼らの関心を引き寄せ、あなたの会社の良さを分かってもらえるのか、そのための具体的な方法」を述べています。そう考えると専門分野の展示会は狙う価値があります。

一方、専門分野の展示会は、他の展示会と比較して出展料が高い傾向にあります。しかも開催場所は東京などの首都圏が多いため、出展料に加え、旅費や宿泊費もかかります。地元の展示会に比べ総費用は高くなりますが、それを補って余りあるメリットがあります。

②　異業種交流的な展示会（例　メッセナゴヤ、新価値創造展）

ビジネスマッチングや企業同士の出会いの場として行われる展示会です。その多くは、国や行政機関が主催するものですが、近年リードエキジビジョンのような民間企業がビジネスとして開催するケースも増えてきました。

例えば、東京で行われる中小企業総合展（新価値創造展）は、中小企業庁（国）が主催する中小企業のビジネスマッチングや販路開拓を支援する展示会です。そのため出展料は東京という土地柄を考えると低いです。一方、こういった展示会は、様々な業界の幅広い職種の方が来場します。そのため全体の来場者数が多くてもあなたの会社のお客様になってくれる人の数はそれほど多くありません。その点では専門分野の展示会の方がお客様になる方の割合が高いです。

最近は、主催者側も活発にPRするので来場者数も増え、こういった異業種交流的な展示会で新規開拓に成功した企業も増えてきました。例えば、名古屋商工会議所が主催する日本最大の異業種交流展「メッセナゴヤ」は、来場者数が毎年6万人を超え、当地域の最大規模の展示会になりました。このメッセナゴヤは、トヨタ自動車のおひざ元愛知県で開催されるため、自動車産業の関係者も多く来場します。その中には、工場の幹部や開発関係の方も来ていて、こういった大手部品メーカーの開発担当者とつながった中小企業もあります。

リードエキジビジョンなど民間の企業が主催する展示会「機械要素技術展」「インターネプコン」も商談に力を入れている展示会です。こういった展示会は専門的なセミナーや講演会を多数開催し、大手企業の設計や開発関係者の集客に力を入れています。その結果、大手企業のキーマンと接する機会として、またビジネスマッチングの場としても魅力的な展示会です。その反面、民間企業が主催する展示会は、国や自治体の展示会に比べてブース出展料が高くなる傾向にあります。

③ 地方の展示会、主に地方の自治体主催の展示会

多くの地方自治体や商工会議所も展示会を開催しています。地方の展示会は、集客が数千人規模と少なく、来場者の大半が近隣の市町村の企業です。なぜ来場者数が少ないかというと地方展ではそもそも出展する企業が少なく、大企業の技術者が情報収集する場としては魅力が低いためです。私も企業の技術者だった時、地方の展示会に出展した取引先から「ぜひ来てください」と誘われたことがありまし

た。しかし、このような展示会に行くのは、上司からなかなか理解を得られませんでした。そのため地方の展示会はよく見ると企業の方は少なく、見学に来た近隣の自治体や支援機関の関係者が多くて、一見賑わっているように見えます。

つまりせっかく出展しても「魚がいない釣り堀で釣りをする」状態になってしまいます。中には、こういった地方の展示会に初めて出展してみて「展示会に出てみたけど、何の成果もなかった」と言う経営者もいました。

では地方の展示会は出展する価値はないのでしょうか。地方の展示会は、本格的な展示会に出展する前の練習台と考えれば価値のある出展になります。実際にそのように言っている主催者もあります。初めて展示会に出展すると、準備不足や運営上の不手際などいろいろなトラブルが起きます。スタッフも慣れていないため、うまく接客できずに名刺が思うように集まらないこともあります。いきなりお金をかけて東京の大きな展示会に出展しても、成果が思ったように出ないとがっかりしますよね。先に述べたように「初めて展示会に出展したら、どんどん引き合いがあって受注できた」なんてことはめったにありません。皆さんいろいろ失敗しながら改善して成果に結びつけています。

だったら、その前にお金のあまりかからない地方の展示会に出展して、問題点を洗い出しておけば、本番の大きな展示会には余裕をもって臨むことができます。初めて出展すると「あっ！　○○を忘れた！」なんてことが起きて、会社に取りに行くこともあります。でも、これが会社まで何時間もかかる大都市であれば、困ってしまいますよね。地元の展示会であれば取りに戻ることもできます。そうして必要なもののリストをしっかりとつくっておけば、次から忘れ物もなくなります。そしてスタッフも一度経験しているので、接客や応対もスムーズにできます。本番の展示会がスムーズにこなせ、名刺もたくさん集まれば、地方の展示会の出展にかかった費用は高くはないと思います。ですから、展示会に出展した経験のない方は、ぜひ身近な都市での展示会に出展することをお勧めします。

(2) 失敗しない展示会選び①　その展示会に自社のお客様は来ますか？

展示会を選ぶ際に失敗しないポイントは、「あなたがこれから新たに取引したいお客様が来る展示会を選ぶ」ことです。そんなの当たり前じゃないかと思うかもしれません。ところが意外とそうでない場合があるのです。

例えば、先ほどの地方の展示会の場合、あなたが新たに取引したいお客様は何人来るのでしょうか？おそらくかなり限られますよね。大きな展示会に出るための練習台として出展するのであれば良いのですが、新たに取引するお客様と出会いたいと思って出展するのであれば地方の展示会は目的に合っていません。

あるいはあなたの会社がプレス加工の会社で、これから新たに別の自動車部品の会社と取引したい場合、プレス加工の展示会に自動車部品の会社の技術者はどのくらい来るのでしょうか。確かに自動車部品メーカーの技術者で勉強熱心な方は、プレス加工の展示会に来るかもしれません。あるいは新しい調達先を求めて、自動車部品メーカーの購買の方が来ているかもしれません。でもその絶対数は限られてしまいます。

では、自動車部品メーカーの技術者は、どの展示会に行くのでしょうか？

可能性が高いのは、自動車部品に関する展示会、例えば「人と車のテクノロジー展」や「オートモーティブワールド」などです。こういった展示会に出展し、自動車部品メーカーの技術者が関心を持つようなテーマをＰＲすれば、関心を持ってもらえます。つまり自社の業界でなく出会いたいお客様が来る展示会に出展することが重要です。

ただし、自社の製品やサービスを使用する最終製品が何か分からないと、それも難しいですよね。下請けの部品加工をやっている会社には、自分たちが納めた部品が**最終的に何に使われているのか知らない**という会社もあります。そうなると、まずそこから情報収集が必要です。

次にアプローチしたいお客様の具体的な職種を何でしょうか？　あるいは今まで接点があったお客様は、どの職種でしょうか？

これもお客様の職種によって、効果的なＰＲが変わります。今まであなたの会社がお付き合いしてきた会社の人の職種を参考に、どんな職種、設計、生産技術、品質保証、購買などを想定してこの後のＰＲ内容をつくっていくと良いです。

(3)　失敗しない展示会選び②　営業範囲

地方の展示会であれば、来場者も近隣のエリアに限られています。ところが東京や大阪など大都市の展示会ではお客様はかなり遠くからも来ます。最近は海外からのお客様も増えてきました。そのため自社の営業範囲をあらかじめ想定しておくと良いです。

具体的にはどの範囲までのお客様と取引するのか、そしてどの範囲まで営業に行くのかです。特に大きな会社との取引の場合、こちらの技術や製品に興味を持ってくれても、それが受注にならないことはよくあります。それでも問い合わせがあれば、遠くまで何度も打ち合わせに行き、サンプル製作やテスト加工をすることになります。それでも受注できないかもしれません。大都市の展示会に出展すると、このようなことも起きます。それでもあなたの会社に興味を持ってくれ、お客様の要望を聞くことができたのでＯＫと考えるか、遠くの案件は経費がかかって割に合わないから避けるのか、これはそれぞれの会社の方針によります。ただいずれにしても大都市の展示会に出展する場合は、どこまでの範囲を対象とするか、ある程度決めておいた方が、その後の対応がスムーズにいきます。

(4) まとめ

展示会の選定についてまとめてみましょう。

○専門分野の展示会
○異業種交流的な展示会
○地方の展示会

展示会には大きく分けて、この３種類があり、それぞれ特徴があります。そこで自社の目的に合った展示会を選びます。

また重要なのは、自社のお客様が来る展示会を選ぶことです。それには自社のお客様がどの業界で、どのような技術に関心を持っているのか、理解しておく必要があります。

ただ、大都市の展示会ではお客様も広範囲のエリアから来るため、遠くのお客様に対して、どう営業するのか、あるいは遠くのお客様は営業しないのか、ある程度決めておく必要があります。

Ⅳ いくらかかるのか？ 予算と費用対効果

(1) 展示会の出展費用

では展示会の出展にはいくらかかるのでしょうか？

次の表に示すように展示会の出展料は少なくても数万円、高い展示会では50万円以上します。安くない金額ですよね。なぜこんなにするのでしょうか？

展示会に出展するメリットは、**主催者が集客を行ってくれること**です。そして出展料にはこの集客の費用も入っています。主催者は、出展企業に代わり、多額の費用をかけて集客を行っています。もしこれを一企業でやろうとしたら大変ですよね。それを展示会では、主催者が著名な講師を呼んで講演会を開いたり、主催者の持っている顧客リストにダイレクトメールや電子メールを送るなどして多額の広告宣伝費をかけて集客を行っています。出展料には、そのためのコストも含まれているのです。そう考えると、あれだけの出展料がかかるのも、やむを得ないという気がしますよね。

【代表的な展示会の来場者数と出展費用】

展示会名	期間	来場者数	場所	出展費用（1小間）
JIMTOF2016 第28回 日本国際工作機械見本市	2016年 11月17日～11月22日	18.0万人	東京	38.8万円
FOODEX JAPAN 2016 第41回 国際食品・飲料展	2016年 3月 8日～ 3月11日	7.6万人	東京	41万円
東京インターナショナル・ギフト・ショー春2017	2017年 2月 8日～ 2月10日	20.0万人	東京	39.9万円
人と車のテクノロジー展2016横浜	2016年 5月25日～ 5月27日	8.7万人	横浜	43.2万円
メッセナゴヤ2014	2016年 10月26日～10月29日	6.4万人	名古屋	16.2万円（名商会員10.8万円）
新価値創造展2016	2016年 10月31日～11月 2日	3.0万人	東京	10.8万円

（出展料、来場者数は、主催発表の数字）

それでも結構な金額です。そこで自治体や商工会議所では、展示会の出展費用の補助金を設けているところもあります。半額補助などの制度があるところもありますので、出展する前に一度調べてみることをお勧めします。

上の表にいくつかの展示会の来場者数と出展費用を示します。

地方都市の展示会の場合、展示会によりますが、来場者数2，000～6，000名、出展料は3～5万円程度が多いです。

(2) ブースのコマ数

出展するコマ数は何コマが良いのでしょうか。現実には予算が限られるので中小企業は1コマが多いですよね。もし予算に余裕があって2コマ出展すると、もっとたくさんのお客様を来てもらうことができるので

【ブースの小間数】

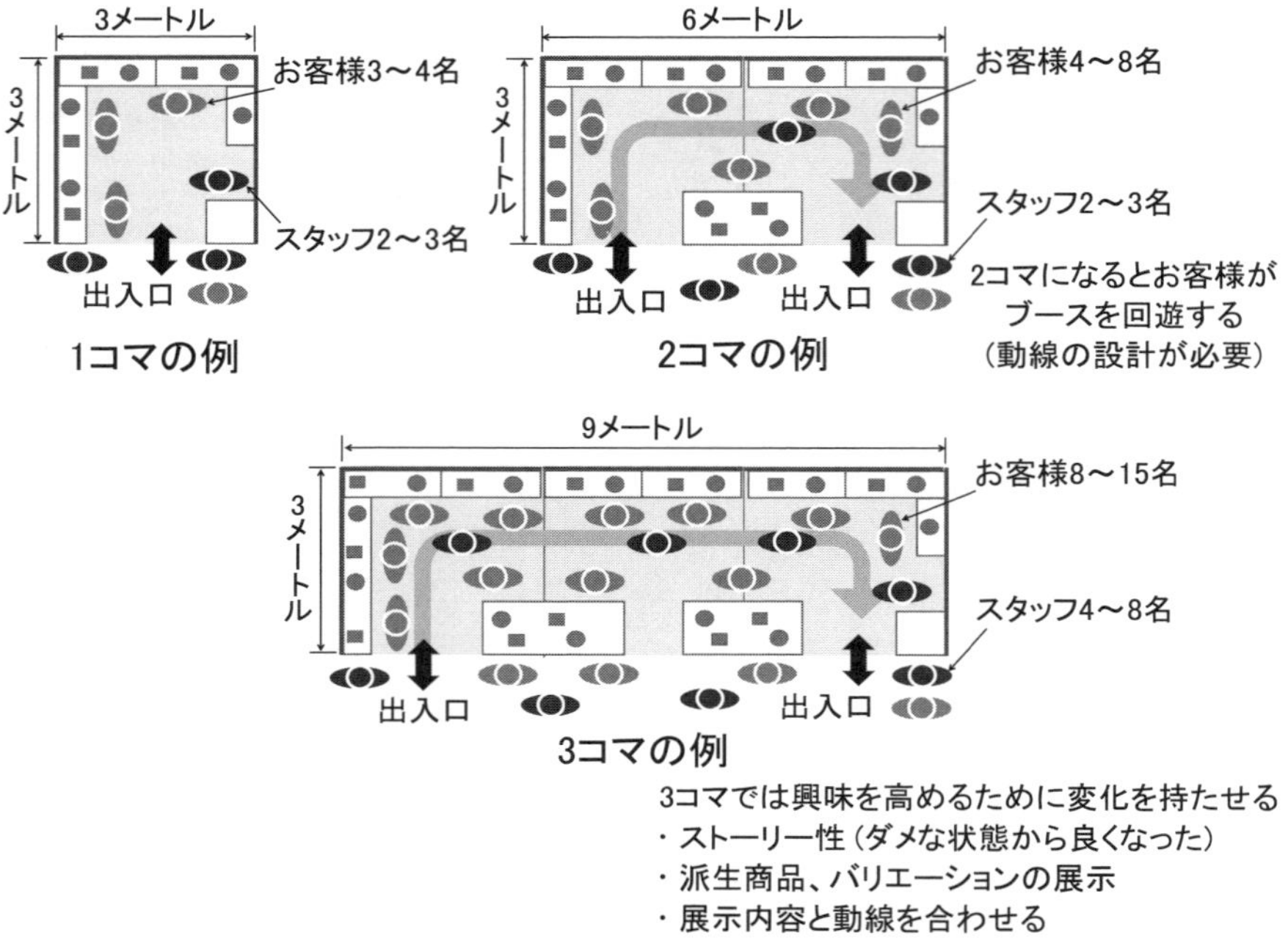

【展示会の費用全体】

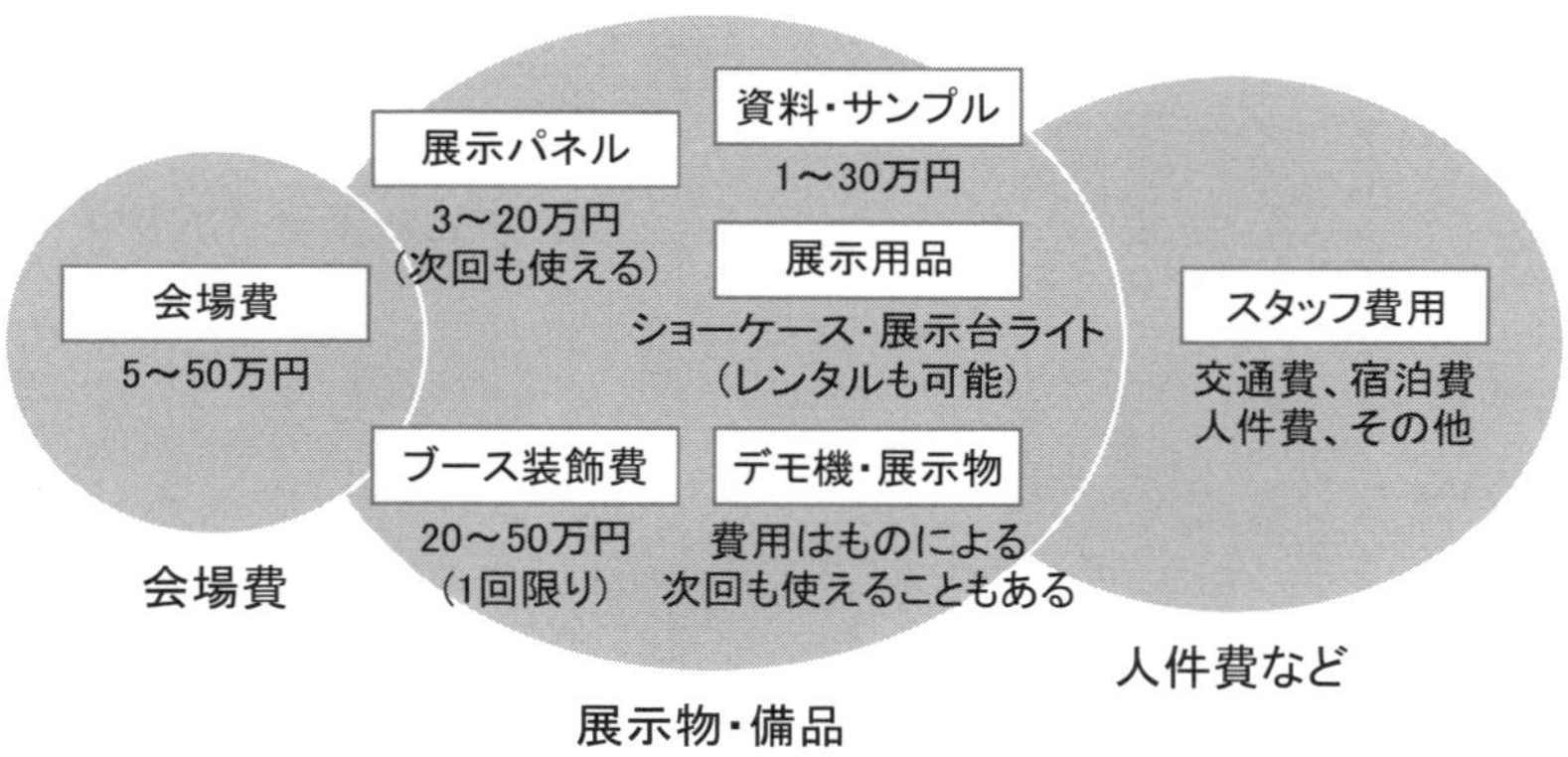

しょうか。そして費用対効果はどう変わるのでしょうか。

コマ数が増える効果は、ブースの存在感が高まり、来場者の注目を浴びやすくなることです。そしてスペースも広くなり、人も入りやすくなります。つまりコマ数が多いほど、来場者を増やすことができます。その一方、コマ数が増えると展示物の費用やブース装飾費も増えます。

実はコマ数が増える最大のメリットは、スペースが広くなるため、**多くのスタッフをブースに配置できること**です。なぜなら名刺交換の枚数は、接客回数に応じて増えるからです。そしてスタッフが多ければ接客回数が増え、名刺もたくさん集まります。とはいえ１コマのブースに５人も６人もスタッフがいたら、ぎゅうぎゅうで身動きが取れなくなってしまいますよね。つまりブースの広さにより適正なスタッフの数が決まってきます。

逆に言えば、コマ数を増やしてもそれに合わせてスタッフの数を増やさなければ、名刺の数は１コマの場合と変わらなくなります。３コマとっても、投入できるスタッフが少なければ同じです。まあ、スペースが広くなれば、展示の自由度は増えるし、大きなものも置けますが。そのあたりは、出展する展示会と、それに割くことのできるあなたの会社のリソースを比較して判断します。

展示会の費用には、出展費用、装飾費、制作物（展示物、ポスター、パネル、パンフレット、ノベルティ）などがあります。制作物には何回も使用できるものもあり、１回の費用は低くなります。そして当日の運営費　飲食代、有料スタッフの費用、その他の費用（来場者への食券、駐車券など）も忘れずに費用に入れましょう。

【展示会の費用対効果】

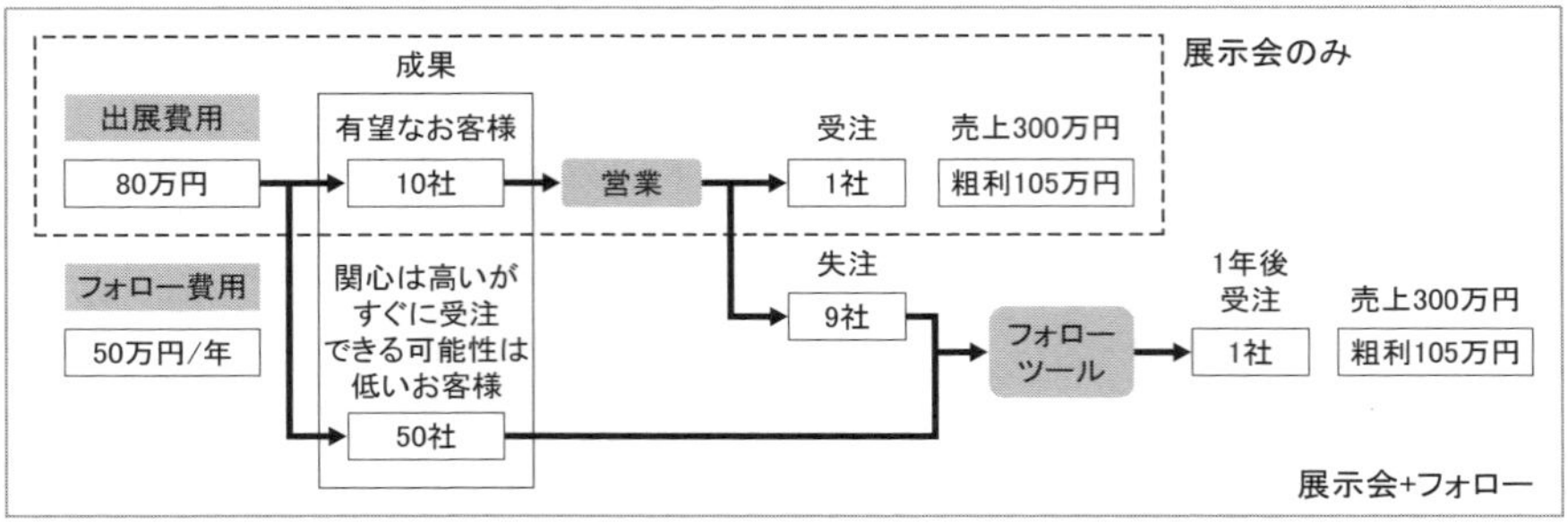

展示会のみ
費用＝ 80万円　粗利＝105万円　費用対効果＝105－ 80＝25万円

展示会+フォロー
費用＝130万円　粗利＝210万円　費用対効果＝210－130＝80万円

(3) 展示会の費用対効果

そうはいっても展示会の出展費用は、決して少ない額ではないですよね。例えば目指すゴールが名刺交換の場合、成果は名刺の枚数です。これだけ費用をかけて成果は名刺１００枚？　ではこの場合の費用対効果はどう考えたらよいのでしょうか。

展示会の最終的な成果は、いうまでもなく新規のお客様との取引ですよね。ここで新規のお客様と取引してある期間経った後、そのお客様から頂く粗利が出展費用を上回れば、出展の効果はプラスと考えます。この期間をどのくらいと考えるかは会社ごとに違うので、ご自分で決めてくださいね。

80万円かけて出展し、有望なお客妻の名刺が10枚集まり、この10社に営業して、そのうちの１社から受注しました。そして、そのお客様から1年で３００万円の受注がありました。３００万円の粗利が１０５万円なので、出展費用の80万円を引いても25万円のプラスとなります。

さらにすぐに受注は見込めないが関心を持ってくださっ

た50社にフォロー営業を行いました。50万円かけてフォローした結果、もう1社受注し、そのお客様からも1年間で300万円の受注がありました。その結果、そのお客様からの粗利が105万円であれば、フォロー費用の50万円を引いても55万円のプラスになります。さきの25万円と合わせて80万円のプラスです。

こうなれば出展しない手はないですよね。実際には、例え費用対効果がマイナスでも、取引先が増えることで経営が安定します。また今までのお客様より利益率の高い優良なお客様と出会うメリットもあるので、出展するメリットはあります。

V　具体的な計画

展示会に出展する際に、展示物の制作の前に必要なのは、

○ターゲットのお客様は誰か？
○何をPRするか？
○どうやってPRするか？

を決めることです。

初めて展示会に出展する場合は、時間をかけてこの3点を決める必要があります。しかし計画を立て

ずに期限が迫ってくると、しっかりと考え議論する時間が無くなってしまいます。あるいはこの3点まで業者に丸投げしてしまいます。しかし業者の方はあなたの会社のお客様のことをわかっていません。その結果、対象のお客様像があいまいになり、訴求する内容も浅くなってしまいます。実際に展示会の会場を歩いていても、お客様を絞り込んでいない、お客様の問題に焦点を当てていないパネルは意外と多いのです。せっかくお金をかけて立派なものをつくっても、一般的で抽象的な言葉や訴求力のない言葉ではお客様に関心を持ってもらうことができません。このお客様に訴える言葉（キャッチコピー）の役割とつくり方については第5章で詳しく述べます。

(1) 集客の数値計画

集客から成約までの数値計画は、以下のように立てます。最初は実績がないので仮定の数値で行います。そして出展した際にデータを取って、数値を修正します。この数値計画により、当日の運営の仕方やスタッフの数まで変わります。

① 来場者数

大抵の主催者は前回の来場者数をホームページで発表しているのでそれを調べます。公開されていなくても電話で聞くと教えてくれることもあります。

② ブース集客数

来場者のうちであなたの会社のブースに来た人の数です。これは本番でも測定が難しいので、手間をかけられなければ仮定の数値（仮に3日間で３００人）で運用します。

【集客の数値計画】

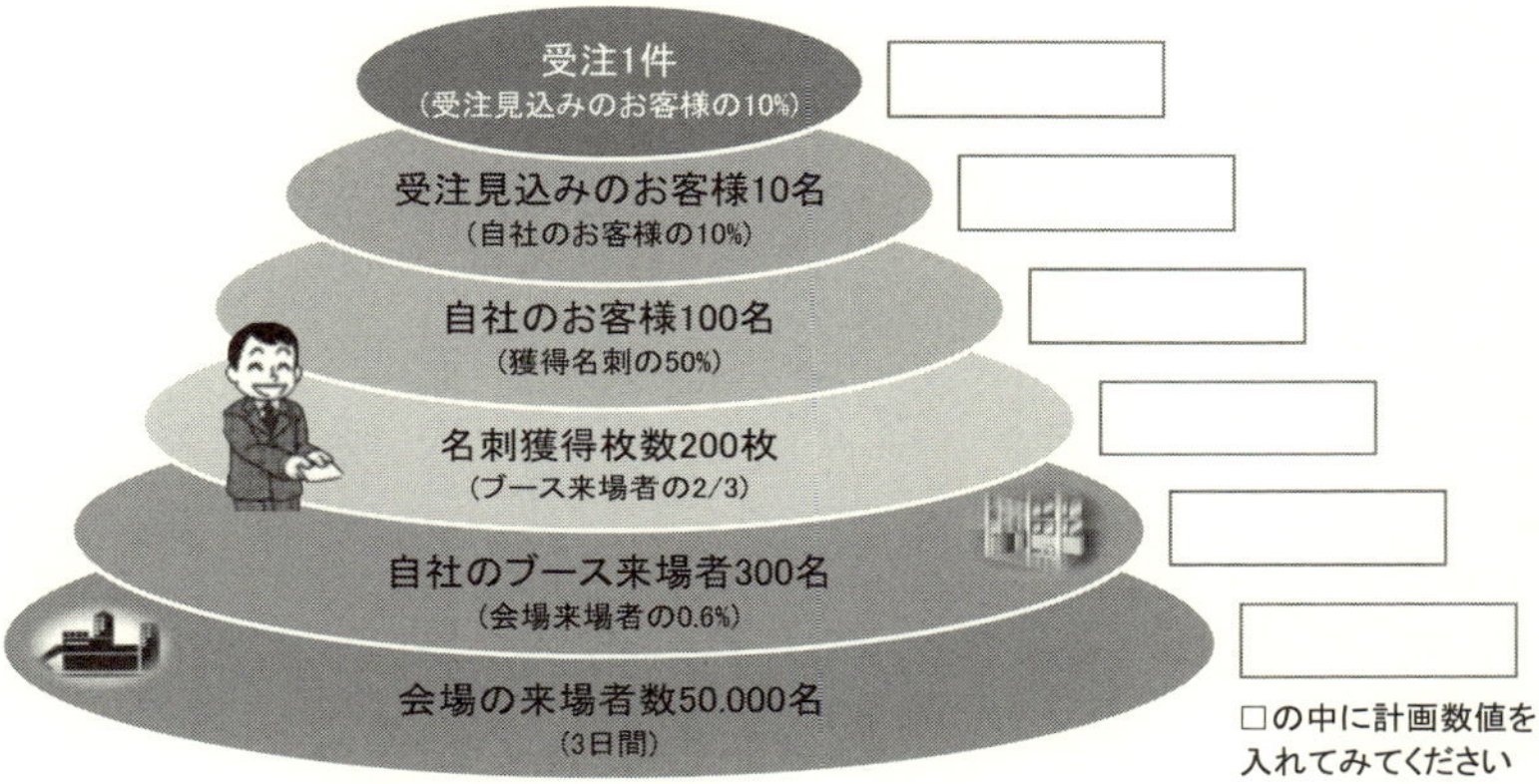

③ 名刺獲得枚数

ブースに来た人の中で名刺交換した人の数です。今の時代、黙っていて名刺をくれる人はほとんどいません。スタッフが積極的に名刺交換しなければ名刺は集まりません。

④ 見込み客数

名刺交換した人の中には、あなたの会社のお客様でない人も多く含まれています。その数を調べておきます。見込み客の数があまりに少ない場合は、お客様以外の人を展示物やキャッチコピーで集めている可能性があります。ノベルティやコンパニオンで集客するとこの数値は低くなります。

最初はわからないと思いますので、獲得した名刺の50％ぐらいとしておいてください。一度出展して、獲得した名刺を整理すれば正確な数字がわかるようになります。

⑤ 訪問する数

見込み客の数が多ければ、展示会後に全部を訪問することはできないと思います。見込み客の中でも反応の良さそうなお客様から優先して訪問します。

この訪問する数と次の成約数は、最初は想像つかないと思います。従って最初は分からなくて構いません。

⑥ 成約数

訪問したお客様の中から成約した数です。

最後の見込み客数や成約数などは、最初は分からなくても、一度出展すれば分かります。大事なことは、出展の都度、会場の来場者数から名刺枚数、成約数までの数値を毎回記録しておくことです。そうすれば展示会の費用対効果を確認することができます。そして費用対効果が高ければ、出展回数を増やせば、新規のお客様が増え、売上や利益も増えていきます。逆に費用対効果が低ければ、どこの数字に問題があったのか調べて、そこを改善します。いずれにしても展示会の出展結果を数字で把握しておくことはとても重要です。

(2) やるべき内容

事前にやるべき内容は以下のようなものです。

① 準備リストを用意する

計画表の作成と共に、漏れをなくすために準備リストをつくります。このようなチェックリストを作るのは、計画を確実に実行し、漏れをなくすためであり、非常に強力な方法です。チェックリストをつくり、これに従って準備をすることで、漏れがなくなり、日程も容易に確認できるので遅れも明確にな

【準備リスト】

例　展示会が11月5日～7日の場合

分類	内容	期間	着手日	備考
計画・準備	計画表	2週間	4月7日	
	準備リスト	2週間	4月15日	
お客様像とテーマを決める	お客様像を具体化する	2.3か月	4月22日	
	SWOT分析	1か月	5月1日	
	展示会のテーマ決定	2か月	6月1日	
	キャッチコピー作成	2.5か月	7月15日	
制作物	展示品	2.5か月	8月1日	
	展示パネル・メッセージパネル	2か月	8月16日	
	追加資料	2.5か月	8月1日	
	会社案内	3か月	7月1日	既にあればOK
ブース準備	ノベルティ	2か月	8月16日	必要な場合のみ
	フォローツール準備	2か月	8月16日	本番前に準備
	ブースレイアウト	3か月	7月15日	
	照明、電源、パソコンなど	3か月	7月15日	ブース制作と並行して行う デモがある場合、事前確認
	ブース制作	3か月	6月15日	
当日の運営	簡単な会社・商品説明	1.8か月	8月1日	
	アンケート	2週間	9月15日	必要な場合
	質問集	1.8か月	8月1日	
	名刺の管理方法	1.8か月	8月1日	
	当日のスタッフ役割分担	1.8か月	8月1日	
	リハーサル	1.2か月	8月16日	
告知	ホームページでの告知	2週間	8月1日	
	お客様への案内状	2週間	9月15日	
フォロー	ホームページ展示会報告	2週間	11月15日	
	名刺分類	1週間	11月8日	
	礼状発送	1週間	11月8日	
	顧客訪問	3週間	11月8日	
	第1回フォローツール発送	1週間	12月7日	
	第2回フォローツール準備	1か月	12月1日	

【展示会に向けてのガントチャート】

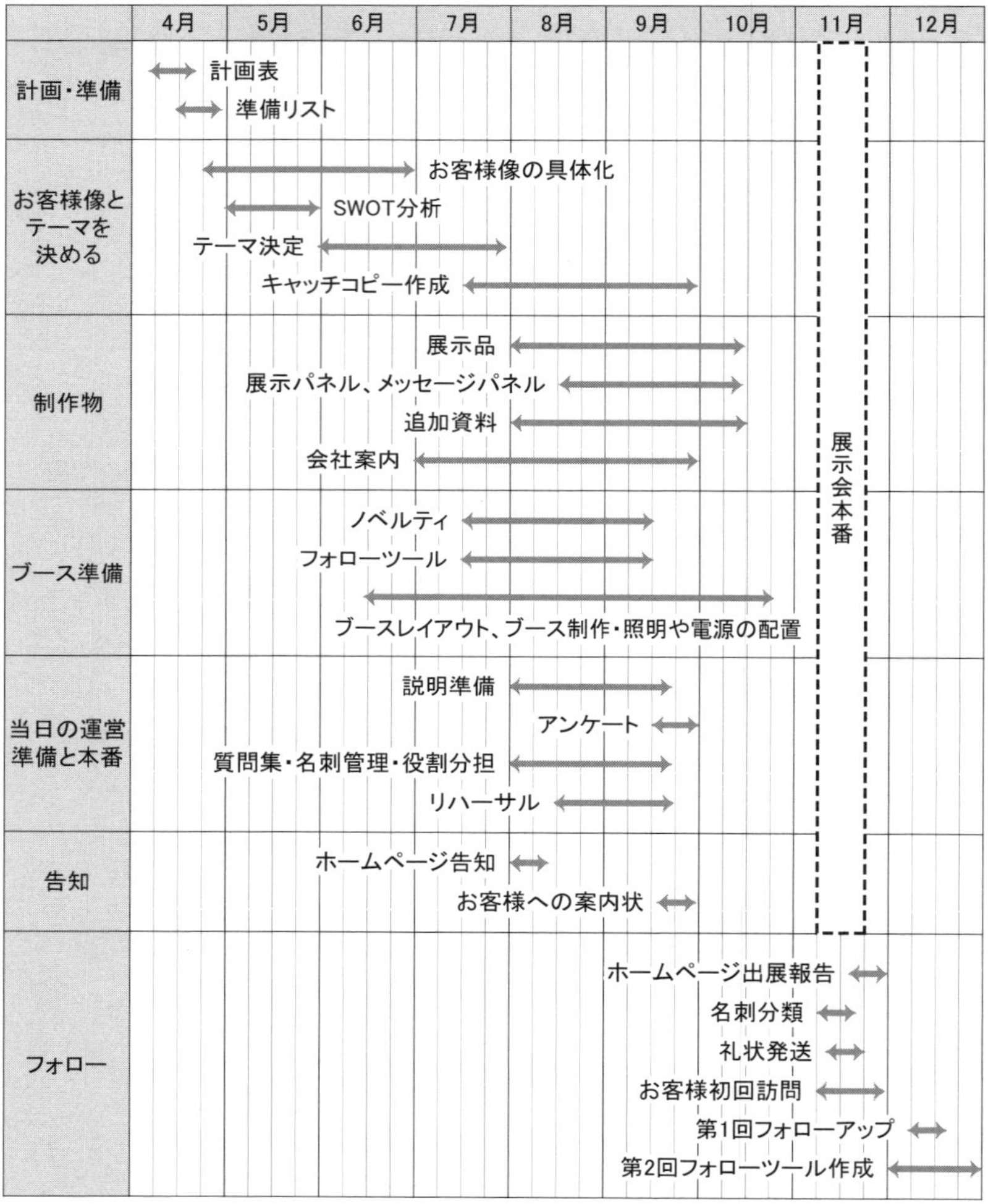
4月
5月
6月
7月
8月
9月
10月
11月
12月
計画・準備
計画表
準備リスト
お客様像とテーマを決める
お客様像の具体化
SWOT分析
テーマ決定
キャッチコピー作成
制作物
展示品
展示パネル、メッセージパネル
追加資料
会社案内
ブース準備
ノベルティ
フォローツール
ブースレイアウト、ブース制作・照明や電源の配置
当日の運営準備と本番
説明準備
アンケート
質問集・名刺管理・役割分担
リハーサル
告知
ホームページ告知
お客様への案内状
フォロー
ホームページ出展報告
名刺分類
礼状発送
お客様初回訪問
第1回フォローアップ
第2回フォローツール作成
展示会本番

ります。その他にメリットとして、
●メンバー全員でチェックリストの項目を精査できるため、一人でやるより漏れや見落としがなくなる。
●本番で漏れや不足があった場合、チェックリストに付け加えることで、毎回リストの完成度が高くなる。
まず準備リストに必要な項目を洗い出します。

②　期日を設定する

次にそれぞれの項目が必要な日数を設定します。業者の納入遅れや手直しも考慮して少し余裕を持たせておきます。

それぞれの必要工数を記入します。完成日と必要工数から逆算して着手日を決めます。こうやって日程を入れると、展示パネルなどの制作物は意外と早くから着手しなければならないことが分かります。特に制作物の場合、発注の前にこちらで内容を決めておかなければなりません。これも結構時間がかかるので、それも日程に入れておきます。なお、この表の数値は参考例です。実際はあなたの会社の業務負荷やこういった作業に対する慣れにより工数は大きく変わります。社員や業者と話し合って、スケジュールを立ててください。

実際には、右図のようなガントチャートにした方が分かりやすいので、ガントチャートで日程計画をつくり、個々の業務は前述のチェックリストで確認することをお勧めします。

こうしてみると、ずいぶん前から準備が必要なことがわかりますよね。特に初めての場合、思ったより時間がかかるため、早めに準備することをお勧めします。

こういったことは最初は苦痛ですが、2回目からはひな型があるので楽になります。スケジュールを作ったら、あとは予定に従って実行するのみです。ぜひ頑張ってください。

コラム

新規開拓工業の例

新規開拓工業は、すでに5年以上展示会に出展しています。毎回やることは分かっているので、展示会が近づいても慌てることはありません。展示パネルやサンプルは、基本的に同じものを使用し、一部だけを変えています。

準備は、毎回出展計画表をつくり、やるべきことをリストアップして行っています。そして展示会が終わると、問題点や改善点を書き込み、次回の出展の際に改善しています。出展計画表があるので、急に担当者が変わっても大丈夫です。

チラシやパンフレットも大幅に変えずに、一部のみ変更しています。そのためデザイン料もあまりかからず、製作費は抑えることができます。パネルも一部のみ新たに制作し、他は前回のものを使用しています。そして制作は余裕をもった納期で発注するため、価格もそれなりに安くしてもらっています。社員も準備に追われることなく、年に3～4回の展示会をこなしています。

しかし毎年全く同じ展示では新鮮味がないので、1点か2点、新しい展示サンプルを製作します。展示会の数か月前から社員が集まって、どのようなサンプルが良いのか議論します。点数が少ないので社員でアイデアを出し合って制作に注力することができます。できる限り会社の技術や加工ノウハウを表現して、見る人が見れば「おっ！」と思うようなものを製作するようにしています。

お客様　「このNEWと書いてあるサンプルの○○加工とは、どんな加工ですか?」

新規社長　「(内心、よく聞いてくれましたと喜んで)ええ、実は・・・これは、今回のために我が社で取り組んだ技術なんです」

お客様　「この技術を使って、○○のようなものはできるのですか?」

新規開拓工業は、3年は続けて同じ展示会に出るようにしました。同じ展示会に出展し続けると、1年目は素通りしたお客様が、2年目、3年目に声をかけてくれました。ちょっと気になったけど、1年

【毎年出展する効果】

目はブースに入らなかった方が、2年目に出展したときは、どのような技術か見に来てくれました。そして3年目は、少し展示内容を変えたことで、何か新しいものがあるのか、また見に来てくれました。何度も見かけることで、関心が高まりブースに入ってくれました。

手順1のまとめ

Ⅰ　計画

展示会に出ると決める

Ⅱ　展示会のゴールを決める

名前を知る、良さを知る、欲しいと思う、受注

Ⅲ　どんな展示会に出るのか

展示会の種類と特徴（専門分野、異業種交流、地方展）

お客様の来る展示会、後の営業範囲を考慮

Ⅳ　予算と費用対効果

ブースのコマ数と効果、ブース装飾

顧客獲得費用の計算

Ⅴ　具体的な計画

やることのリストアップと日程計画、集客の数値計画

第5章 〈手順2〉お客様の困りごとを明らかにする

照井清一

展示会による新規開拓で最も大切なことはあなたの会社のお客様になってくれる方にブースに来てもらうことです。ところがあなたの会社の名前はお客様に知られていません。ですから準備しないで漠然と出展しても、来てほしいお客様がブースに来てくれる確率はかなり低いです。お客様にブースに来てもらうためには、お客様があなたの会社のブースに目を留め、関心を持ってもらってもらうような仕掛けが必要なのです。

そこで第5章　手順2は、お客様があなたの会社のブースに関心を持ってくれるように、お客様の困りごとを明らかにする作業です。かなり時間と手間がかかる作業ですが、これはぜひ毎回やることをお勧めします。出展するごとに見えるものが変わってくるからです。

I節

手順2の全体像

ブースに来てもらうには?

ブースに来てもらう要素
●なんか面白そうだという好奇心
●これは役に立ちそうだという関心
人を惹きつけるのはポジティブなことよりネガティブなこと

節	テーマ	内容
Ⅱ節	お客様の困りごとを見つける方法1 お客様に聞く	●シンプルに取引先に聞く
Ⅲ節	お客様の困りごとを見つける方法2 自社の良い点から困りごとを考える	強みを見つける4つの方法 ●お客様に直接聞く ●欠点から良い点を探す ●SWOT分析 ●苦労したことから探す
Ⅳ節	困りごとから解決策までのストーリー化	●自社の課題解決をストーリーにする
Ⅴ節	キャッチコピー ブースに注目してもらう	展示のメインテーマを1つに決めるキャッチコピーのつくり方 ●つくり方1　困りごとを連想させる言葉 ●つくり方2　困りごとを想起させるプラスの言葉 ポイント　言葉を絞る、質より量

コラム

矢瑠鹿内君の失敗　自社のPRに終始する

産業振興センターの展示会に慌てて出展したものの、まったく成果のなかった矢瑠鹿内君、しかし次の展示会は刻々と迫っています。

矢瑠鹿内「どうやったら関心を持ってもらえるのだろうか」

そこで立ち寄った本屋で手に取ったマーケティングの本には、「中小企業は自社の強みを生かして他社と差別化することが重要」と書いてありました。

矢瑠鹿内「腕達工業の強みって何だろうか?」

今まで考えたこともありませんでした。そこでマーケティングの本に書いてあったSWOT分析を行ってみました。

SWOT分析の結果、腕達工業の強みは、熟練の作業者の高い技術であると矢瑠鹿内君は考えました（SWOT分析については、Ⅱ節の後半で詳しく述べます）。そこで熟練の技術を表す「達人」というキャッチコピーを考えました。ブースの装飾や展示パネル、そしてスタッフのジャンパーも達人とプリントしました。パンフレットにも大きく達人と記入し、達人と書いたクリヤーホルダーをノベルティとして用意しました。

今度の展示会は、○○市のビジネスフェアです。今回は集客も悪くなく、ブースにはいつも人がいました。しかし商談につながるような質問は、ほとんどありませんでした。集まった名刺を見ても腕達工業と関係のない業種が多く、後で営業をかける先は1社もありませんでした。

矢瑠鹿内「うーん・・・・」

また矢瑠鹿内君、考えてしまいました。

【ブースは賑わっても成果は？】

Ⅰ　ブースに来てもらうには？

(1)　中小企業のブースは、お客様の目的ではない

課題解決型の提案をするにも、まずお客様が自社のブースに来なければ話になりません。しかし中小企業の小さなブースはなかなか入ってくれません。だからブースに入ってもらえるような工夫が必要な

のです。

そのためにはまずお客様がなぜ展示会に来るのか考えてみましょう。お客様の展示会の目的は何でしょうか？

Ｉ節で述べたようにお客様の大半の目的は、情報収集、つまり業界の製品や新技術、競合などの情報収集です。あるいは目当ての講演やセミナーを聞くことです。新たに取引先を求めたり、新たに製品を買いたいというお客様は多くいません。そしてお客様は、お目当ての講演やセミナーを聞いた後は、残りの時間ブースを適当に回って情報収集をして帰ります。あるいはブースを目的に来場するお客様は、最初にお目当てのブースを回って目的の情報を収集した後、他に関心のあるブースを適当に回って帰ります。

つまり大半のお客様にとって、腕達工業のブースは、来場目的のブースでないため、ただ展示しているだけではお客様は来ません。お客様がブースに関心を持ってもらうように工夫する必要があるのです。

(2) 少し気になったぐらいでは、ブースに入らない

ではお目当てのブースを回ったお客様はどんな状態でしょうか？　展示会に行ったことがある人は、その時のことを思い出してみてくださいね。

まず2時間以上立って見学したので足はかなり疲れています。そして頭の中にあるのは、帰ってから片づけなければならない仕事、あるいは「このまま直帰して、たまには早く帰って家族と夕飯を食べようか、それとも会社に戻るか」こんなことを考えているかもしれません。

【目的が終わったら、気持ちはもう‥‥】

そんな状態のお客様が、出口に向かって歩いている時に、通りがかったブースにちょっと気を引く展示を見つけたら、どうするでしょうか。

あなたはどうしますか？　気持ちは、もう帰るモードです。

私は、そのような状態でちょっと気になるブースの前を通っても、大抵は素通りしてました。特にブースの入り口にスタッフがいれば、まずブースに入りません。以前、うかつに立ち寄って、延々と説明を聞かされ、帰りが遅くなってしまったことがあったからです。

「展示会で外出したので、このチャンスに直帰して楽をしようと思っていたのに」

当時、サラリーマンだった私は、そう思いました。あなたにもこんな経験はあるのではないでしょうか。

このような心理状態のお客様に「あえて自社のブースに来ていただく」にはそれなりの工夫が必要なのです。

(3) ブースに来てもらう要素

ではどうしたら、このような人たちにブースに来てもらえるでしょうか。初めてのブースに来てもらうには、次の2つの要素のいずれかが必要です。

○なんか面白そうだという好奇心がわく
○これは役に立ちそうだという関心を持つ

展示会は、珍しいものや興味を引くものがあれば、好奇心にひかれて人が集まってきます。あるいは魅力的なノベルティを配布したり、着ぐるみのキャラクター、派手な展示物があれば、お客様の興味を引くことができます。そして人が人を呼び、ブースは活況になります。しかしノベルティや着ぐるみ、コンパニオンで集客すると、自社のお客様にならない人の割合が増えてしまいます。ブースは活況でいかにも展示会が成功しているように見えますが、達成すべきゴール、つまり「自社の製品や技術に関心のあるお客様に来てもらうこと」に対してはどうでしょうか。

矢瑠鹿内君が考えた「達人」のメッセージは、本当に自社に関心を持ってほしいお客様に対して「役に立ちそうだ」というメッセージではありませんでした。例え集客に成功しても、自社の技術や製品に

対する関心が低ければ、その後の営業活動にはつながりません。展示会の集客は展示会のゴールである、

「自社に関心があるお客様○○名の名刺を集める」

このゴールに到達するための手段として考えなければなりません。

では、どのような情報で自社の技術や製品に関係する人を集めればよいのでしょうか。

人が一番関心のあるのは、「自分のこと」です。つまり目に入ったブースの内容が自分に関係があると思えば、人は自然と興味を持ちます。

(4) 人を惹きつける情報

「自分に関係がある」と思ってもらうのはどんな情報でしょうか。これには2種類の情報があります。

○「これを知っておくと得ですよ」というポジティブな情報
○「これを知らないと損しますよ」というネガティブな情報

このうちどちらの情報が人をより強く惹きつけるでしょうか。

これは明らかにネガティブな情報です。

人は、新たに得られるものより、持っているものを失うことに、より強く反応します。

例えば、

A「このクーポン券を出せば、10万円もらえます」

B「この申請書を出さないと10万円の罰金を払ってもらいます」

だったらどちらを優先するでしょうか。

大半の人がBを優先します。それは「10万円もらえないこと」より、「罰金10万円」の方が、痛みが大きいからです。

では展示会でお客様が強く反応するネガティブな情報とは何でしょうか。それはお客様自身の困りごとです。これを思い起こすようなメッセージをブースで訴えれば、お客様は思わず反応します。

では困りごととは何でしょう。

それはお客様が直面している日常の様々な技術的な課題や問題のことです。そしてこのような問題の解決策がブースにあれば、

「時間はあまりないが、ちょっと見て行こうか」

ということになります。

しかしお客様は、仕事上の困りごとを常に意識しているわけではありません。それは人は、日常生活の中で仕事からプライベートまでの多くの問題や悩みを抱えているからです。そして頭の中では、急い

でやらなければならない問題で埋まっています。そのため技術的な開発課題のような、「解決すべき問題であるが、今すぐに手を打たなければならないわけではない」ことは普段は忘れています。またそうでないと、あまりにも多くの悩みが頭の中にあり過ぎて気持ちが参ってしまいますよね。

顕在意識では、緊急でない問題を忘れることで心のバランスを取っています。しかし潜在意識では、これらの問題は存在しています。そして思い出すきっかけとなるキーワードを見ると、潜在意識にある問題が顕在意識に浮かび上がってきます。

これはどういうことかというと、例えば、以前ある飲料メーカーから「糖質ゼロ、プリン体ゼロ」のビールが出たのをご存知でしょうか。おそらく多くの人にとってプリン体は全く関心のないものです。しかし健康診断で尿酸値が高いと言われた人、あるいはすでに痛風になった人にとってプリン体には大きな意味があります。それはプリン体の多い食品を取ると尿酸値が高くなるためです。健康診断で尿酸値が高いことがわかると、お医者さんからプリン体の多いものを控えるように言われます。プリン体の多い食品には、ビールやいくら、いかやカニなどがあります。でもビールが大好きな人にとって、暑い夏にビールを我慢するのはつらいですよね。

お医者さんからそういわれると、今まで気に留めていなかったプリン体という言葉が気になるようになります。街中を歩いていて「プリン体ゼロ」のビールの広告に気がつくと、つい見てしまいます。この広告は今までもあったのに、それまでは全く気がつきませんでした。それは潜在意識の中にプリン体という言葉が強くインプットされ、注意を向けるようになったからです。

(5) なかなか解決できなかった問題

昔、私が設計した部品に、細い穴がいくつも開いた複雑な形状の部品がありました。部品の内部で穴と穴が交差していて、そこに「バリ」と呼ばれる穴あけ加工の際に生じる切れ端が残っていました。このバリは、機械の運転中に部品から脱落し、細い穴を通って機械の中を運ばれ故障の原因になりました。

穴を加工する際のバリの問題は、今でも多くの企業が困っています。特にこの部品の場合、内部の奥まったところのため、完全にバリを除去することがなかなかできませんでした。当時は、

「どうやったら解決できるだろうか？」

と悩んでいました。展示会でも、ブースに「バリ」「バリ取り」と掲示していると、思わず目が向いてしまいました。そしてバリに関する技術を持っている企業のブースを随分回りました。

最終的にはなんとか解決しましたが、あまりに長い間、この問題に取り組んでいたため、今でも展示会で「バリ」というキャッチコピーを見るとつい目がいってしまいます。

あなたにもこのような「思わず目がいってしまう」キーワードがあるのではないでしょうか。そして同様にあなたのお客様にも、この「思わず目がいってしまう」キーワードがきっとあるはずです。そのキーワードを大きく掲げて、お客様に自分の困りごとに気づいてもらうのです。そうすれば、必ずブースに目を向けてもらえます。そして疲れていても「ブースに入ってみようか」という気になります。

以下の節からお客様の困りごとを見つける方法を述べますが、これは展示会の成否を左右するだけでなく、その後の営業活動にも影響するとても大事なことです。ですから社員の方だけに任せないで、ぜひ経営者の方も一緒になって考えてくださいね。

Ⅱ　お客様の困りごとを見つける方法①　お客様に聞く

ではどのようにすれば、お客様の困りごとを見つけることができるのでしょうか。いきなり「今からあなたのお客様の困りごとを考えましょう」と言っても、簡単には思い浮かびませんよね。

ひとつめの方法はシンプルに今のお客様に聞く方法です。ただし、お客様にいきなり、

「困っていることはありませんか？」

と聞いても、すぐに答えは出てきません。

なぜなら先に述べたように困っていることは、大抵は潜在意識にあって、普段意識していないからです。

そこで、以下のように段階的に質問することで、お客様の意識が問題点に向かうようにします。

①　いつも取引していることに感謝の気持ちを伝える。

②　「自社の商品、サービスに不満な点があれば改善したいので、教えて欲しい」と聞く。

③　他に困っていること、面倒なことはないか聞く。

おそらく二番目の質問で、あなたの会社に対する不平や不満、過去の不良などが山ほど出て来るかもしれません。お客様によっては、厳しい指摘がたくさん飛んでくることもあるかもしれません。つい反論や言い訳をしたくなりますが、そこはぐっとがまんして神妙に拝聴します。

なぜなら二番目の質問の目的は、三番目の質問に至るための「呼び水となる質問」だからです。過去

の不平や不満を思い出すことで、お客様の意識が目先のことから、過去の問題に向かっていきます。その流れを断ち切らないように、お客様からいろいろな問題点を指摘されても決して反論せず、拝聴します。そして今後自社がしっかりと改善に取り組むと伝えます。そして二番目の質問の回答が終わったタイミングで三番目の質問をします。

このような流れで聞くことで、お客様の意識が段階的にあなたの会社の製品や技術に向かっていきます。そして潜在意識にある困りごとにたどりつきます。ポイントは、お客様に思い出してもらうために、しっかり「間」を取ることです。

「他に困っていることや面倒なことはありませんか?」

と聞いた後にお客様が「ある」「ない」と返答するまで、じっくりと待ちます。

また何も困りごとがないという場合に備えて、事前にいくつか困りごとの仮説を立てておくと良いです。仮説を立てておくと、その仮説を検証するような質問ができます。

「例えば、○○のようなことはありませんか?」

というような質問することで、相手が思わぬ回答をしてくれることもあります。それでも「ない」という答えならば、それ以上は追求せず引き下がります。お客様によっては、ヒアリングしても収穫がないこともありますが、がっかりしないでくださいね。

時には次回、面会した時に「そういえば・・・」と教えてくれることもあります。これはあなたの「他に困っていることや面倒なことはありませんか?」という質問が、お客様の潜在意識に働きかけ、困っていることや面倒なことを思い出させたからです。

【刑事コロンボ作戦】

「刑事コロンボ作戦」とは私が勝手に名付けた方法で、さあこれで帰るという時に質問する方法です。例えばヒアリングが終わって席を立ってもう帰ろうという時に「そういえば○○のことで困っていませんか?」と聞きます。それはヒアリングが終わって相手の気持ちが緩んでいる時に、本音が一番出るからです。これは「刑事コロンボ」というアメリカのTVドラマでコロンボ刑事が、犯人から情報を引き出す際によく使ったテクニックです。

このようにお客様自身の困りごとは、普段会っているお客様でも、自分から「○○で困っている」とはなかなか言ってくれません。それはお客様自身が普段問題を忘れてしまっているからです。あるいはそれをあなたに話しても解決できると思っていないのかもしれません。それでも何度かお客様に提案していると、そのうち向こうから率先して話してくれるようになります。そうなったらしめたものです。

Ⅲ　お客様の困りごとを見つける方法②　自社の良い点から困りごとを考える

次の方法は、お客様でなく、まず自社のことから考える方法です。

① まず自社の良い点を見つける。それがどのようにお客様の問題解決に役立っているか考える
② そこから「お客様にはどのような問題があるか」を考える

そのためには、自社の良い点やお客様に役立っている点、あるいは自社の強みを明らかにする必要があります。これを見つけるためには4つの方法があります。すべて行う必要はなく、以下の4つの方法を読んで自分達に合った方法で、まずは自社の良い点やお客様に役立っている点、あるいは自社の強みを明らかにしてください。

(1) 強みを見つける4つの方法

【自社の良い点を見つける方法】

① 取引先に聞く
② 逆説、欠点から良い点を探す
③ ＳＷＯＴ分析で特徴を洗い出す

④　苦労したことから、良い点を見つける

以下、それぞれの方法について解説します。

①　取引先に聞く

シンプルに取引先に自社の良い点を聞いてみる方法です。意外と思ってもみなかったことが分かることがあります。ただし、いきなり、

「わが社の良い点を教えてください」

と聞いても向こうも困ってしまうでしょう。

そこで「参考までに教えてほしい」、「社長に聞いて来いと言われたので・・・・」

など理由をつくり、

「どうして自社と取引しているのか」

「他社と比較して自社を評価している点」

を聞いてみます。

あるいは、先ほどの「刑事コロンボ」作戦で、何かの打合せが終わった時に帰り際、

「〇〇（ライバル会社名）でなく、当社を使い続ける理由は何なんでしょうか」

と聞きます。打合せが終わって緊張感がなくなっている状態で、このようなことをいきなり聞かれると、思わず本音が出てしまうものです。

こうすることで、とても有益な情報が手に入ります。それは往々にして、自分たちが思っている自社の良い点と、お客様が評価する良い点が食い違っているからです。

例えば、ある会社は、取引先から短納期の受注に応えることが評価されていると思っていました。しかし、実際は逆に無理な短納期の受注を多く受けるために、納期遅れが多数発生していました。その結果、お客様は「あそこは納期遅れが多い」と逆に納期に不満を持っていました。

むしろ評価されていたのは、短納期よりも、呼ばれたらすぐにお客様のところに行って打合せするフットワークの良さでした。直接行って打合せすることでお客様の細かな要望を聞いて、すぐにものを手配することができました。これにより短納期でも間違いのないものをつくることができました。

そうであれば無理に納期を短縮するより、小回りの良さをより磨き、しっかりと打合せして間違いのないものをつくるようにした方がお客様の満足度が高まります。そして競合に対して差を広げることができます。

またライバル会社のミスやトラブル、あるいはウィークポイントはあなたの会社の強みになっている場合が多いものです。かといってお客様にライバル会社のことをストレートに聞くことはできませんよね。その場合「いやー、〇〇は精度が厳しくて本当に苦労しました。他の取引先も苦労していませんか?」とか「〇〇社さんは、うちが苦労している〇〇の品質がすごく良いと聞きましたが本当ですか?」と世間話の中に入れて、聞き出します。あるいはお客様が普段の会話の中で話される愚痴の中にも「〇〇で困っていて…」というものがあります。それがあなたの会社はできていることであれば、そこに強みが隠れているかもしれません。あるいは「御社はできていますけどね」という暗黙のメッセージが含まれていることもあります。いずれにしても普段から役に立つ情報を手に入れようと意識していると、お客様との何気ない会話の中にも貴重な情報があるものです。

②　逆説　欠点から良い点を探す

①の方法でお客様に直接聞いても答が得られない場合、裏ワザをご紹介します。それはあえて「自社の欠点を探す」方法です。

自分の会社を客観的に見るのは意外と難しくて、自社の良い点はなかなか見つけられません。また人はどうしても欠点に目がいってしまうものです。まして経営資源の限られる中小企業は、欠点はたくさんあるけど、良い点はなかなか気がつきません。だったら欠点から良い点を考えようというやり方です。

【子供の場合】

子供のいる方は、自分の子供を見ると分かると思います。わが子の欠点はたくさん言えますよね。でも良い点を言おうとするとはたと考えてしまうのではないでしょうか。実は私も同じです。

しかし欠点もその子の特徴です。特に人間の場合は、ある一面から見れば欠点でも、それは別の面から見れば長所になります。

【見方を変えれば、欠点は長所】

どちらもこの子の本当の姿

そこでまず目につく欠点を挙げ、そこから良い点を考えます。

例えば小学生のある子が、

●着替え、歯磨きなど身支度に時間がかかる
●テレビゲームに熱中して、宿題をやらない
●そそっかしくて、飲み物の入ったコップをひっくり返す

こんな欠点があったとします（多くの子供が当てはまりそうですが……）。

これは見方を変えると、

●着替え、歯磨きなど身支度に時間がかかる
Q1：なぜ時間がかかるのか？
A1：ひとつひとつの動作を確認しながら、ゆっくりやっている

Q2：これは見方を変えると、どんな良い点があるのか？
A2：慣れた行動でもひとつひとつ確認する丁寧さがある

●テレビゲームに熱中して、宿題をやらない
Q1：なぜ宿題をやらないのか？
A1：テレビゲームを始めたら、止まらない
Q2：これは見方を変えると、どんな良い点があるのか？
A2：好きなことであれば、長時間続ける集中力がある

●そそっかしくて、飲み物の入ったコップをひっくり返したりする
Q1：なぜ、飲み物の入ったコップをひっくり返したのか？
A1：食事に集中していると、目の前のコップに気がつかなかった
Q2：これは見方を変えると、どんな良い点があるのか？
A2：他のことが目に入らないくらいひとつのことに集中できる

これをまとめると、

●慣れた行動でもひとつひとつ確認する丁寧さがある

●好きなことであれば、長時間続ける集中力がある
●他のことが目に入らないくらいひとつのことに集中できる

このような良い点を挙げることができます。こう書くと、最初の表現とは全然違いますよね。

【レストランの場合】

例えば、厨房のスタッフが少なく手際も悪いため、料理の提供に時間がかかっているレストランがありました。そのため、いつもお客様から「料理が遅い」と文句を言われていました。

Q1：なぜ料理の提供が遅いのか？
A1：小規模のため、大手レストランチェーンのように、セントラルキッチンで半加工した食材を用意できず、一から調理するので時間がかかってしまう。
Q2：これは見方を変えるとどんな良い点があるのか？
A1：注文を受けてから盛り付けするため、サラダ類は水分が飛ばずにみずみずしい
：一から調理するため、本当の意味でできたてを提供できる

そこで以下の対策をします。
メニューやテーブルに、次のような案内板を立てます。

「当店は、お客様にできたてのお料理を味わっていただくため、注文をいただいてから丁寧に調理いたしております。そのためお料理を提供するまでに少々（メニューによっては20分くらい）お時間をいただくことがあります。何卒ご了承願います」

その結果はどうでしょうか。お客様は、長く待った分だけ料理をおいしいと感じるのではないでしょうか。たとえ、大手レストランチェーンと味の違いはほんのわずかだったとしても・・・。

このように物事には良い面と悪い面の二面があります。欠点として挙げた点も、その裏側には必ず良い面があります。そこで最初に欠点を列挙し、それは別な見方をしたらどのような良い面があるか考えます。

【ものづくり企業の例】

例えば、会社の規模が小さく専任の検査部署がなく、お客様からも指摘された会社があります。しかし今のところ大きな不良は起きていません。

欠点

会社の規模が小さく専任の検査部署がない

Q1：なぜ、専任の検査部署がなくても品質を維持できるのか？

【欠点を長所に変える】

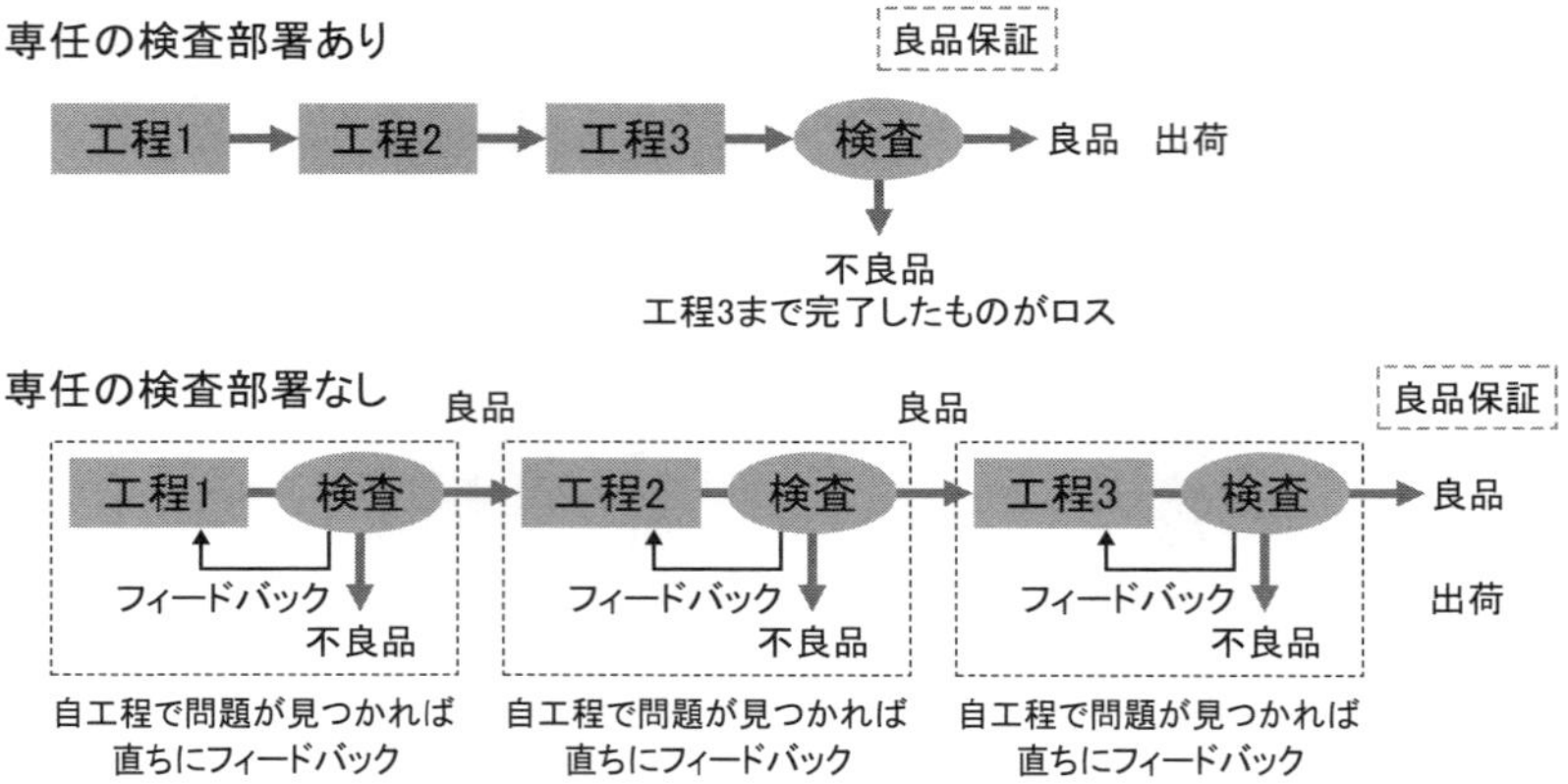

Ａ１：作業者は自工程で製品を毎回測定し、品質に問題ないことを確認している。問題があれば直ちに加工条件を調整する。その結果今まで大きな不良は起きていない。

Ｑ２：これは見方を変えるとどんな良い点があるのか？

Ａ２：熟練の作業者が各製造工程で品質を確認し、後工程には１００％良品を渡している。その結果選任の検査部署がなくても良品を出荷できる。また問題があった場合は自工程内で直ちに訂正するため、後工程に不良品が流れることがない。しかし最終検査で品質を保証する方法だと最終検査で不良品が見つかると損失が大きく、これが製造コストを引き上げる。従って、各工程で検査することで高品質と低コストを実現する。

これは見方を考えれば、優れた技能を持った職人集団が高品質なものづくりを行っていると言えます。

従って数は少ないけど精度が高く難易度の高い部品を確実につくって欲しいお客様にとって、この会社は求めている会

【SWOT分析】

	強み（Strength）	弱み（Weakness）
内部環境		
	機会（Oppoturnity）	脅威（Threat）
外部環境		

社になります。実際、少数の部品をつくる場合、最終検査でしっかり検査するよりも、各々の製造工程でミスなくつくることの方が重要です。最終検査で不良とわかれば作り直しとなって納期に間に合わなくなってしまいます。つまり専任の検査部署による品質保証体制よりも、ミスが起きやすい1点、2点の単品物を確実につくる能力の方が重要なのです。こういうものを求めているお客様に、そのことをしっかりと訴えれば、良い会社だと思ってもらえます。

③ ＳＷＯＴ分析、自社の商品やサービスの特徴の洗い出し

3番目の方法は、ＳＷＯＴ分析などのフレームワークを使用して自社の強みを分析する方法です。

ＳＷＯＴ分析とは、経営戦略を立案する際に、企業の内部環境を強み（Strengths）、弱み（Weaknesses）外部環境を機会（Opportunities）、脅威（Threats）と計4つのカテゴリーで分析する方法です。

経営戦略を立てる際は、それぞれの組み合わせから、

強み×機会　強みを生かして、機会に乗じてさらに伸ばす方法
強み×脅威　強みを生かして脅威をチャンスに変える方法
弱み×機会　弱みを克服して、機会に乗じる方法
弱み×脅威　弱みが致命傷にならないような回避策

このような具体的な方法を考えます。

ここでは、そこまでの必要はなく、強みと弱みを対比することで、あなたの会社がお客様に評価されている点を具体化します。

ＳＷＯＴ分析のやり方は解説書も多く出版されており、また販売戦略や経営計画の策定セミナーなどでも取り上げられています。ここでは展示会のＳＷＯＴ分析で注意すべき点をあげます。

ＳＷＯＴ分析は、自社を取り巻く外部環境の中で自社の機会と脅威を洗い出します。そして内部要因（自社の経営資源）を強みと弱みに分析します。経営分析のためにＳＷＯＴ分析を行う場合、自社の経営資源や製品、技術に対して強みと弱みを分析します。しかし展示会のＰＲのために良い点を見つけるのであれば、自社の経営資源を広く分析する必要はありません。お客様に対する競合との比較に特化して分析します。例えば経営者の経営力や後継者の存在、社員が若いことなどは自社の経営上の特徴であっても、お客様にとっては意味のないことです。そう考えると、強みとはお客様が競合と自社を比べた

時、お客様が自社を選ぶ点です。そして弱みとは、お客様が競合を選ぶ点です。強みとはお客様の立場でのメリットです。そして強みと弱みは単独で考えず、競合と比較することで明らかになります。従ってSWOT分析では競合を明確にしておく必要があります。もし競合がよくわからなければ、まず競合は誰か、その情報を収集するところから行います。

次に外部環境は、この場合、政治や経済などマクロ環境を分析してもあまり意味はありません。なぜなら競合も同じ環境だからです。ただし、競合が海外の中小企業の場合、為替レートや人件費などの要因は影響します。そうでなければ、競合との比較の中で自社にとっての機会と脅威を洗い出します。

【強みは具体的に考える】

SWOT分析で「技術が高い」とした場合、その技術がどのようなものか、具体的に考えます。競合に対して何ができるから技術が高いのか、それをできる限り定量的に表します。それはここが具体的でないと展示会で、技術の高さを相手に伝えることができないからです。

展示会のPRとは、ある意味お客様に自社を選ぶ根拠を提供することです。

「○○ができるから、○○社にお願いしたい」

「○○できるところは、○○社しかないから発注する」

このような情報を提供することで、お客様は他社を差し置いてあなたの会社に依頼します。とすれば

「技術が高い」という漠然とした情報だけでは他社を差し置いて依頼する理由にならないですよね。自社の技術が高いということは、自社より技術が低い会社があるはずです。そこと比較して、自社の技術はどう高いのか、ここを具体的に表してお客様に伝えます。

自社の強みは主観的な評価になりがちなので、できる限り客観的な数値化された指標を用います。例えば、品質であれば、

○○の精度が○○以内
仕上げ面の粗さが○○μm以下
硬さのばらつきがHRC○○以内

のようにします。後で自社の強みをPRする際も、数値で表すことは重要です。数値化することで今まで気づかなかった点が強みだったり、あるいは今まで強みだと思っていたものがそれほどでもなかったりします。同様にコストの点でもどういう製品が、競合に対してどのくらい有利なのか、大ざっぱでも良いので数値化します。納期に対しても、どのくらい良いのかできるかぎり定量的に把握します。

もし数値化できなければ、お客様に技術が高いことを理解してもらえばよいので、

「○○の設備がある」
「技能検定1級資格者が○○名いる」

「○○会社と取引している」
「○○の部品を製作している」

というような情報でも、お客様に「技術が高い」ことを訴えることができます。

あるいは小さな会社の場合、小ロット対応も強みになります。特に大量生産を前提としたプレス、樹脂成形、ダイキャストなどは小ロットで生産するとコストが高くなってしまいます。しかし今日では多品種少量化が進み、どんどん小ロットになってきています。それでもコストや精度の関係で「板金でなくプレスで」、「砂型鋳造でなくダイキャストで」製造したいというお客様はいます。そういったお客様のために小ロットでの製造をPRするのも手です。ましてあなたの会社が、取引先の発注ロットが小さくなり、その対応に苦労しているのであれば、すでに小ロット対応のノウハウはあるはずです。それがあなたの会社の隠れた強みになっているのです。

【競合の情報の収集】

ではどのようにすれば競合の情報を入手できるのでしょうか。

まずはお客様からできる限り競合の情報を聞き出します。

例えば、

「○○製品は目標コストがとても厳しくてうちでは、この見積しか出せませんが、目標コストで受ける会社があったのですか？」

「いやあ、この図面の精度は厳しくてうちでもなんとかできるように考えてみましたが、歩留まりが、かなり悪いと予想します。○○社さんは、楽々とできているんですか？」

このような質問を投げかけ、お客様の反応を見ます。素直に答えてくれないかもしれませんが、その時のお客様の態度から、ある程度判断できます。

【自社の強みの例―精密機械加工部品を製造しているA社】

A社はアルミを切削加工し、圧縮空気の細い通路のある形状が複雑で精度の高い部品を加工しています。同社は、競合と比較して以下の強みがありました。

○競合の立型マシニングセンタに対して、同社は小型の横型マシニングセンタ（1軸回転テーブル付き）で製造しています。横型マシニングセンタは、刃物が水平方向に移動し、切粉が自然落下するため、切粉の巻きこみによる製品のキズが少ない。

○1軸回転テーブルを使うことで4面を同時に加工できるため、加工能率が高い。

このような作業は初めて行うと客観的な情報や競合の情報が少なく、深い内容にはならないかもしれません。しかし展示会に出展し続け、お客様の困りごとや競合のことを考えていくうちに、情報が増え

【A社のSWOT分析】

	強み（Strength）	弱み（Weakness）
内部環境	小型の横マシニングセンタによりアルミ小物を能率よく加工できる １軸回転テーブルによる４面同時加工 横型のため切粉の排出性が高くキズがつきにくい	大きなもの、長いものができない ツールチェンジャの本数が少ないため、長時間自動加工できない オペレーターは派遣社員が多く図面が読めない
	機会（Oppoturnity）	脅威（Threat）
外部環境	○○業界の軽量化のニーズによりアルミが増加 ２部品を１部品してコストダウンするため形状が複雑化	○○業界の製造拠点化の海外展開 家電メーカーの海外移転により、家電業界の中小企業の参入

てより深く考えられるようになります。このＳＷＯＴ分析については、一度だけでなく、ぜひ毎年行うことをお勧めします。

④　不良で苦労したこと

自社の責任かどうかは別として、不良が発生してその対策に苦労したところには、自社の強みが隠れています。特に簡単に解決できない不良は、同じような問題が他の取引先でも発生している可能性があります。これは他社にも共通する課題としてＰＲできます。

例えば、人間のウッカリミスは、他の作業でも起きます。そして例え原因が作業者の不注意でも、確実に再発を防止するためには様々な工夫が必要です。例えば、治具をつくって組立ミスができないように工夫すれば、そのような治具の特徴を、

「組立ミスゼロ、１００％良品保証のものづくり」

とＰＲできます。こういうＰＲをすれば、単純な組立ミスで困っているお客様の目に留まります。

(2) 自社の強みからお客様の困りごとを考える

自社の強みは、お客様にとってどんな良いことがあるのか？

このような①〜④の方法を活用して、自社の強み、特に競合と比較した強みを明らかにします。そして明らかになった強みは、お客様のどのような課題を解決するのか考えます。そこで浮かぶお客様の課題がお客様の困りごとになります。

【今まで出た自社の強みの例】

① お客様に聞く

［自社の強み］

短納期に対応するため、呼ばれたらすぐに技術者が来て打合せをする。そのためお客様との意思疎通がスムーズで短い間に部品の手配まで完了する小回りの良さがある。

［競合の場合］

打合せに来るのは営業担当のため、技術の詳細なことがわからない。持ち帰って回答するために時間がかかり、手配が遅れる

［顧客の困りごと］

クレーム対応、問題の解決のため、至急対策品を設計する際に、設計側の意図が通じずに違ったものができてしまう。押さえるべきところ、省略してスピードを優先するところの判断がつかず、従来のやり方で作り納期がかかってしまう

② 欠点から良い点を探す

［自社の強み］
汎用旋盤を高い技能を持った社員が加工するため、NC旋盤のような加工プログラムが不要で1個だけであれば、加工時間も短い
［競合の場合］
NC旋盤のため、1個だけでも加工プログラムを作る必要があり、加工開始までに時間がかかる
［顧客の困りごと］
単品を効率よく作りたい

［自社の強み］
熟練の作業者が各工程で責任をもって検査し次工程に流すため、不良が少なく品質が高い
［競合の場合］
工程内検査もあるが、専任の検査部署が最終検査で品質を保証している。そのため最終検査で不良が見つかることもある。そこで不良が見つかると再作成に時間がかかり納期遅れになる
［顧客の困りごと］
小ロット・短納期の発注で納期通りに調達したい

③ SWOT分析の結果

［自社の強み］
小型の横型マシニングセンタで小型精密部品を高能率で加工できる
［競合の場合］
小型のマシニングセンタは立型のため複雑な形状では段取り替えがある。横型のマシニングセンタはパレット加工用の大型のため、加工時間が小型のマシニングセンタより長くなる
［顧客の困りごと］
小型の精密部品を量産したい

［自社の強み］
小径穴のバリ取りのノウハウがある
［競合の場合］
小径穴のバリがどうしても残る
［顧客の困りごと］
バリは装置の動作不良の原因になるので完全にバリ取りしたい

このように自社の良い点がどのようにお客様に貢献しているのか、それに比べて競合はどうかと考えることで、顧客の困りごとが見えてきます。

Ⅳ 困りごとから解決策までのストーリー化

ここから顧客の困りごとから解決策の提示までのストーリーをつくります。ストーリーはお客様の立場に立って、以下の順で構成します。

① お客様の困りごとを示す
② 困りごとによりどのような問題が起きるのか具体的に提示する
③ 自社の解決策を提示する
④ 解決できる理由を提示する

この順序で情報を提示することでお客様は、困りごとを自覚し、その解決策に関心を持ちます。

【情報発信力】

このような特徴や良さは、言葉で説明しただけでは中々相手に伝わりません。だからこそ新規開拓には展示会が有効です。展示会では様々な手法、ツールを駆使して複合的に伝えることができます。伝えるツールとしては、パンフレットなどの紙媒体、試験データ、今までのお客様の声、測定結果や工数削減の効果などがあります。展示会以外でもこれらの内容をホームページなどで活用します。

そして展示会では、会場内を歩いているお客様に一瞬で訴えなければなりません。これがキャッチコピーです。このキャッチコピーの役割とつくり方を次のV節で述べます。

V キャッチコピーの目的とつくり方

展示パネルやブースに掲げるメッセージ、例えば、第2章の例では「ゆるまないネジ」のような言葉のことを、本書では「キャッチコピー」と呼びます。以下に、このキャッチコピーの目的とつくり方を述べます。

(1) お客様にブースに来てもらうには？

展示会の会場内を回遊しているお客様の中で、あなたの会社のターゲットのお客様にブースに来てもらうには、まずその人たちに、あなたの会社のブースに気づいてもらう必要があります。実際、お客様はきょろきょろと視線がさまよいながら移動しています。目に入るのは大きな会社の立派なブースや派手な装飾、またはきれいなコンパニオンかもしれません。そして何か目を引くものがあれば、そこで目を留めます。そう考えると大きなブースやコンパニオン、人目を引く派手な展示は集客には不可欠に思えてきます。そして集客が良くないと「やはりお金をかけないと、たくさんの人は来てくれない」とあきらめてしまいます。

しかしそれらは必ずしも必要ではありません。それは彼らは2時間以上歩き回って疲れているからです。そんな時、人目を引く展示やきれいなコンパニオンだけで、ブースに入って行くでしょうか。私は、そんな状態で、好奇心につられて寄り道するほどの元気はありませんでした。あなたはどうでしたでしょうか。

さらにあなたの会社のブースは、大抵のお客様にとって展示会に来る目的のブースではありません。つまり他の目的で来た方に「ついでに寄って欲しい」わけですが、歩き回って疲れたお客様は、気になったブースがあって一瞬目を留めても、そこで強く興味を持たなければ通り過ぎます。

しかし、もしそのブースにとても役に立つ情報があればどうでしょうか？　寄ってみる気になるのではないでしょうか？　それは展示会が年に1回しかないので、本当に気になったことがあれば、今確認しなければ、次は1年後になってしまうからです（それも来年も「その会社が出展すれば」です）。

ただし今では大抵の情報は、インターネットで検索すれば手に入ります。だからホームページでわかるような情報ならば、「疲れているから、帰ってネットで調べればいいか」と思うかもしれません。インターネットで調べられるような情報だけではブースに入る気にならないかもしれません。

私は、最近は展示会でカタログはもらわないようにしています。持って帰るのが重いし、帰ってからも置き場所に困るからです。製品の情報は必要なときにホームページを調べればすみます。まあ中にはホームページの製品情報が非常に乏しい会社もあり、これはこれで困りますが。

しかし展示品やサンプル等は、この展示会の会場でなければ見ることはできません。小さなものならば、後でメーカーに頼んで会社に持って来てもらうこともできます。しかし大掛かりな装置、現物を使ったデモや実験、実際の操作体験は、展示会を逃すと後では体験できません。もし、どうしても確認が必要になった場合は、そのメーカーまで行かなければなりません。そのメーカーが遠かったら大変です。ですから、現物を確認できるなら、「ちょっと寄ってみよう」と考えます。

もう1点は、展示会では疑問な点を質問できることです。関心があること、気になることは展示パネルの説明やパンフレットではすべてわかりません。むしろ関心があればあるほど、疑問な点が出てきます。そしてそれが重要なことであればどうでしょうか？

展示会の会場で質問できれば、疑問が晴れてより深く納得します。しかしホームページでは、よほど気になる製品や会社でない限りお問合せフォームから質問することはないのではないでしょうか。逆に言えば、ブースに来ていただいたお客様から質問が出れば、お客様は関心を持ってくれたということです。

またホームページは、様々な情報が載っていても、お客様が情報を探す必要があります。そして探し方によっては欲しい情報にたどり着けません。一方展示会では、スタッフに説明してもらい、さらに質問できるので欲しい情報に早くたどり着くことができます。

こう考えるとお客様への情報提供の仕方が、展示会とホームページでは異なってくることがわかります。ホームページは、お客様の求めているものが事前にわかっていれば、そのようにホームページを制作すれば、お客様にスムーズに情報を提供できます。しかしそうでない場合は、お客様は欲しい情報をサイトの中からうまく探さなければなりません。

これに対して展示会は、スタッフが説明することでお客様が求めている情報を的確に提供できます。またお客様もスタッフに質問をすることで欲しい情報がピンポイントで手に入ります。そのためお客様にとって短時間で効率よく情報収集ができます。

従ってカタログのようにお客様が情報を自ら探すような場合は、ホームページのような検索機能を持ったものの方が有利です。一方新しい技術や製品のようにこちらが提供した説明だけでは不十分でお客様から疑問が出てくる場合は、人による説明の方がお客様もより満足します。特に新しい製品や技術を展示する場合は、複数のお客様の質問に答えられるようにスタッフの数を多めにしておくと良いです。そうしないとせっかく疑問を持って質問しようとしても、スタッフがふさがっているとお客様があきらめてしまうからです。

従って、

○お客様があなたの会社のブースに気づくこと
○ブースで自分にとって役に立つ情報が得られそうだと思うこと
○ブースにはパネルの情報だけでなく、サンプルやデモ機が体験できること

この条件が満たされれば疲れていても「この機会に見ておこう」とブースに入ってもらえます。そして画像や映像のようなビジュアルよりも言葉の方がお客様の感情を揺さぶり、直感的に伝わります。ですから最初にお客様に気づいてもらうためにはキャッチコピーはとても大切です。

(2)　展示のメインテーマは？

まずお客様にあなたの会社に関心を持ってもらうために展示会のメインテーマを決めましょう。この

テーマとは、第5章で考えたお客様の困りごとのことです。
例えば第5章であったお客様の困りごと、

○クレーム対策品の超短納期対応
○加工と表面処理まで一貫して対応し、最高の外観品質の実現
○内部のバリゼロの実現
○単品生産での完全な品質保証

これらの困りごとを、自社がどのような技術やノウハウで解決するか、そのストーリーを考えます。これが出展する際のテーマとなります。このテーマに沿って、キャッチコピー、展示パネル、展示物やサンプル、資料をつくっていきます。

ここで大切なことは、**テーマは1つに絞る**ことです。折角お金をかけて出展するのだから、あれもこれも出したいという気持ちも分かります。またひとつの技術でも様々な分野にPRしたいと考えるかもしれません。しかしそうやって対象範囲を広げるほどお客様に訴える力が弱くなってしまいます。中小企業が出展するブースは、多くが1コマか2コマです。その大きさだと複数のテーマを訴求できるほどのスペースがありません。ひとつのテーマに絞り、キャッチコピー、展示物や展示パネル、追加資料などを組合せて、お客様に訴求した方がお客様に対するインパクトが強くなります。そしてお客様に絞り

込んだテーマを訴えることで、あなたの会社の技術や製品を求めている本当のお客様と出会うことができる確率が高くなります。そういったお客様が来てくだされば、あなたの会社の展示内容を深く理解し、欲しい気持ちをより高めてもらうこともできます。

(3) キャッチコピーの役割

このキャッチコピーとは、自社の展示内容を表す一言のメッセージです。中小企業はお客様に自社の名前が知られていませんよね。だからブースに大きく会社名を掲示してもお客様は関心を持ってくれません。そこでお客様に関心を持ってもらうためのツールがキャッチコピーという言葉です。では、このキャッチコピーはどうすれば良いのでしょうか。

お客様が思わず目を留めることは、自分が直面している問題や悩み、つまり「困りごと」です。誰でも最も関心があるのは自分のことなんです。その中でも最も強く反応するのはネガティブな情報です。そしてお客様にとってネガティブな情報とは、潜在意識にある課題や困りごとです。

お客様の困りごとに焦点を当て絞り込んだメッセージは、お客様の潜在意識にある課題や困りごとを掘り起こします。しかし漠然としたメッセージでは、漠然とした課題を感じているお客様しか集まってきません。漠然とした課題では、あなたの会社と取引したいという強い気持ちが起きません。メッセージをより絞り込むことでよりはっきりとした課題が思い起こされ「これを何とかしなければ」という気持ちになります。

【キャッチコピーの例】

第1章で説明したように課題解決型営業のターゲットは、設計や生産技術など開発や製造の技術者です。彼らは他社よりも少しでも良いものを安くつくるために、日々努力しています。その過程で様々な課題や問題を抱えています。そして、この課題や問題は普段は潜在意識の中にあり、特に意識していません。しかし潜在意識の中では、問題の答えやヒントを探し続けています。潜在意識の中で答えを探し続けていると、その課題や問題に関するセンサーが敏感に反応するようになります。

例えば、こんな例があります。ある人が今度の車はミニバンにしようと思い、ディーラーに行きました。そして気に入りの車のカタログをもらって検討しました。すると、街中を走っているミニバン、中でも購入を検討している車がやたら目に入るようになります。そして「最近は○○社のミニバンが増えたなあ」と思ったりします。実は走っているミニバンの台数はほとんど変わっていません。ただ、その人のセンサーが今まで気に留めていなかった○○社のミニバンを敏感に認識するようになったただけです。

潜在意識の中で課題や問題を抱えているお客様は、○○社のミニバンに相当するような「彼らが思わず反応する」キーワードが必ずあります。これが展示会のキャッチコピーです。

(4)キャッチコピーはどうやってつくる？

では、このキャッチコピーはどうやってつくったら良いのでしょうか。このキャッチコピーは、お客様が本当に困っていることに気付かせる「心の琴線に触れる言葉」であれば最もインパクトがあります。それを見つけるにはお客様の困りごとがわかっていなければなりません。そしてそれはお客様が普段使っている、意識している言葉でなければなりません。それは専門的な言葉かもしれません。しかしキャッチコピーを一般的なありふれた言葉にすると、お客様のセンサーは反応しません。

例えば、精密加工の場合、

【一般的なコピー】

「精密切削加工、高精度、高品質、加工にお困りことがあればご相談ください」

この場合、対象範囲が広いので、お客様は自分のことと思いません。

【そこでバリに困っている方に特化したコピー】

「交差穴のバリ　完全除去」
「小径穴のバリなし加工」
「穴加工バリでお困りの方、ご相談ください」

こうすると、バリで困っているお客様は思わず目を向けてくれます。本当にバリで困っていれば、ためらわずブースに来て相談するのではないでしょうか。

その代わり、バリに関心のないお客様は素通りするかもしれません。つまりキャッチコピーを尖らせれば尖らせるほど、お客様は絞り込まれていきます。そして課題解決型の営業はお客様を絞り込み、本当に自社の技術やノウハウを必要としているお客様だけにアプローチするやり方なのです。お客様を絞り込む代わりに、課題解決から入っていくため、価格競争を避けることができます。

ただキャッチコピーというと「これは素人では無理ではないか。自分はコピーライターのような専門家でないからできない」と思うかもしれません。しかし、そこまでむずかしく考えなくても大丈夫です。コピーライターは、大勢のお客様を振り向かせるような強い力を持った言葉を作らなければなりません。特に大手メーカーのコピーではそうですよね。しかし展示会は、そこまでインパクトの強いコピーでなくても大丈夫です。あなたのお客様は、すでに問題意識を持っていて、そのキーワードに敏感に反応するセンサーを持っています。ですから第5章の手順に従って、お客様の困りごとを考えれば、お客様のセンサーが反応するコピーを探し出すことができます。それは洗練されていない、武骨な言葉でも十分です。お客様の潜在意識が答えを探し求めているため、言葉のインパクトより**言葉から連想されるものに反応する**からです。

もし展示パネルと一緒にキャッチコピーまで展示会の装飾業者や広告代理店に依頼する場合でも、具体的なお客様像と、お客様の困りごと、そしてお客様が反応すると思われる言葉だけは、自ら考えてくださいね。そして言葉を整えたり、展示パネルの文章をまとめたりするところは専門業者でも大丈夫です。この言葉ひとつで、お客様の反応が大きく変わってしまうので、ここはぜひこだわって考えてみてくださいね。

(5)　PDCAを回す

こうして出来上がったキャッチコピーは荒削りなコピーでも大丈夫です。最初はうまくいかなくても、徐々に改善すれば良いのです。大切なことは、展示会に出展した時にお客様の反応を見て改善することです。そして改善のPDCA（Plan Do Check Action）を回せば良いキャッチコピーになっていきます。

人の心理には微妙なところがあり、わずかな言い回しの違いで反応が大きく変わります。もし初めて出展してみてブースに入るお客様の数が少なくても、そこであきらめずにキャッチコピーの改善を続けてください。このPDCAを回すためには同じ展示会に継続して出展するのも良いですね。同じ展示会に出展すれば、コピーの違いによってブースに来られるお客様の数の違いを比較することができますから。

(6) キャッチコピーのつくり方

ここではキャッチコピーのつくり方を二つ紹介します。

ひとつは、ストレートに困りごとを連想させる方法で、もうひとつは問題点を想起させるプラスの言葉です。

① ストレートに困りごとを連想させる言葉

第5章で示す方法で、すでにお客様の困りごとは明らかになっているはずです。そこで、この困りごとをストレートに連想させる言葉をキャッチコピーにします。例えば、

【第5章のビールの場合】

○尿酸値が高い
○痛風・痛い
○痛風・プリン体
○痛風・ビール禁止

このようにできる限り問題点をストレートに想起させる言葉です。

【第5章の加工時のバリの問題の場合】

○バリが取れない
○バリが機械を壊す
○穴のバリの問題
○バリ取り時間がコストを圧迫

このようにバリの問題をストレートに挙げます。

現実にはこのようなストレートなコピーは、あまり使われません。展示会でネガティブな言葉は、イメージが良くないですから。

② 問題点を想起させるプラスの言葉を挙げる

そこでそのような問題点を想起させるプラスの意味の言葉を探します。具体的には、問題点を解決する方法や解決した結果を言葉で表します。

このプラスの言葉の真の目的は、プラスの言葉の持つメリットを訴えることよりも、その言葉から潜在意識にある問題点を連想してもらうことです。例えば、

【先のビールの場合】

○プリン体ゼロ、カロリーゼロ（これが使用されているコピーです）

○尿酸値怖くない（連想する意味：尿酸値が高い）
○痛風・ビール・飲める（連想する意味：痛風・ビール禁止）
○痛風でも飲める（連想する意味：痛風・ビール禁止）
※実際にはこのような表現は薬事法に抵触するので使えません。あくまで考え方の参考例です。

このようにキャッチコピーは痛風でも飲めることを訴えていますが、それは裏を返せば、今まで飲めなかったということです。実際、プリン体の多いビールは、痛風で尿酸値が高くなった人にとって、飲みたくても飲めないものです。そのことは、ビールが好きで痛風の人の潜在意識にはあります。従って、プリン体、痛風、尿酸値というキーワードは、とても目に入りやすいキーワードです。

【Ⅱ節の加工時のバリの問題の場合】

○バリレス加工
○完全バリ取り
○内部のバリありません
○バリなし穴加工
○バリ完全除去

バリの問題に直面した経験のあるお客様は、バリというキーワードに自然と注意が向かいます。そこでバリ取りが成功しているコピーを見れば、その情報を得たいと思います。

(7) キャッチコピーを作るときのポイント

ポイント① 質より数にこだわってとにかくたくさん挙げる

良いキャッチコピーをつくるポイントは質より量です。良いコピーかどうかは気にせず、できるだけたくさん挙げます。ちょっとした助詞の使い方、言い回しを変えたものでも構いませんので、とにかく数多く挙げます。それはこのちょっとした言い回しの違い、助詞の違いでも言葉の印象は変わるからです。こういった作業は一人でやると大変なので、何人かで行うことをお勧めします。やり方は、最初にその内容に関連するキーワードをできるだけたくさん挙げ、そのキーワードを組合せてキャッチコピーを考えます。

ただし会議を開いて「みんなで考えよう」となるとなかなか意見が出てきません。みなさん真面目に良いコピーをつくろうと考えるので、なおのこと意見が出なくなります。そこで、まずは１００個出すと決めて、その数になるまでとにかく出すことをお勧めします。あるいはポストイットを配って、ひとり20個書くというのも良い方法です。ある程度の数を出すと大抵は行き詰ります。でもここからが本番です。そこから思い切ってバカなこと、突拍子もないことも挙げてみてください。例えば、先のバリ取りなら「バリバリ　バリ取り」とか「バリがバリバリ取れる」とかです。そうすると今まで頭の中で「こういう立派なものをつくらなきゃ」という制約が取れて発想が一気に広がっていきます。ちょっとバカげた話もどんどん出すと、話が盛り上がり斬新なアイデアも出てきます。時には会社よりも居酒屋で飲みながらやった方が、良いコピーができるかもしれませんね。ただし、飲みながらの場合も誰かにメモを取っておいてもらってくださいね。そうしないとただの宴会になってしまいますから。

ポイント②　言葉のぜい肉を取り、ひとつのメッセージに絞り込む

いろいろなことを一度に伝えようとすると、どうしてもコピーが長くなります。しかし言葉は長くなればなるほどインパクトが弱くなります。従って、できる限り余分な言葉を削ぎ落して、短いコピーにした方がインパクトがあります。例えば、某鉄道会社のコピー「そうだ、京都、行こう」は非常にインパクトがありますよね。

しかし最初からそのように短くするのは難しいと思います。ですから、これは慣れてからで構いません。とにかく最初は伝えたいこと、訴えたいことを言葉にすれば十分です。ただ基本的な手法として言葉は短い方が力があることを理解しておいてください。そして迷ったときは短い方を選べば、インパクトのある力強いコピーになります。

出来上がったキャッチコピーは、ブースの一番目に付くところに大きな文字で表記します。本書ではこれをメッセージパネルと呼んでいます。通りがかりの人に、まず目に入れていただきたいものなので、できるだけ目につきやすい場所に設置します。また、このキャッチコピーは、展示パネル、パンフレット、名刺などにも統一して表記すると良いですね。

(8) キャッチコピーは毎年つくり直すつもりで

こうやって一生懸命考えてつくったキャッチコピーで展示会に挑むのですが、それが必ずしもぴったりといくとは限りません。会場の雰囲気や周りのブース、お客様の反応をみると改善すべきポイントが見えてくるかもしれません。あるいはお客様と会話する中で「ここが困っていたのか！」と気づくこともあります。

従って初めて出展した場合、その後しばらくは毎年キャッチコピーを作り直すつもりで取り組むことをお勧めします。こうして改善することでブースの集客が改善され、成果が上がるようになります。こうして毎年見直して出展していると、これが他社のブースとの大きな差となっていきます。

手順2のまとめ

Ⅰ ブースに来てもらうには？

疲れているお客様が入ってみようと思うのは、自分の問題の解決策があるから

お客様の困りごとを訴える

Ⅱ お客様の困りごとを見つける方法1

お客様に直接聞く

Ⅲ お客様の困りごとを見つける方法2

自社の良い点を考え、これがお客様のどんな問題を解決しているのか考える

自社の良い点の見つけ方
○お客様に聞く
○欠点から良い点を探す
○SWOT分析
○自社が苦労したことから良い点を考える

Ⅳ　困りごとから解決策までのストーリー化

困りごとから解決策、解決できる理由までをストーリーにする

Ⅴ　キャッチコピー

展示会のメインテーマを決める
お客様にブースに目を止めてもらうためにキャッチコピーが必要
キャッチコピーはお客様の困りごとを想起させる言葉

第6章

〈手順3〉ブースに必要なものの準備

照井清一

手順3は、展示物や展示パネル、ノベルティやユニフォームなど展示会に必要なものの準備です。中でも重要なのが、お客様に自社のブースを気づいてもらうためのキャッチコピーです。これらの概要を以下に示します。

手順3の全体像

I節	
展示物 ブースに入りたいと思う	展示物の効果 ●ポイント1　現物で確かめる ●ポイント2　直接触れることで印象に残る 見せ方のポイント「厳かに、親しみやすく」

節	項目	内容
Ⅱ節	展示パネル お客様が問題を解決できると思う	展示パネルのつくるときのポイント 展示パネルのつくり方 ●問題点とその影響 ●解決策とその理由
Ⅲ節	ノベルティ	資料を受け取る、アンケートに答えてもらうきっかけをつくるツール もうひとつの役割 ●お客様の引き出しでずっとPRする
Ⅳ節	ブース装飾	業者に依頼するときの注意点
Ⅴ節	その他ユニフォーム	一目でスタッフと分かるもの 他に展示会用名刺など

コラム

矢瑠鹿内君の失敗　幅広いメッセージが逆効果になった

ＳＷＯＴ分析から自社の強みを考え、「達人」というメッセージを打ち出し展示会に望んだ矢瑠鹿内君でしたが、結果は思わしくなく新たな受注にはつながりませんでした。

矢瑠鹿内「どうしたらもっとうちの技術に関心を持ってもらえるだろうか？　やはりうまく伝えるには、プロにお願いしなければ無理なのだろうか」

自力での展示物に限界を感じた矢瑠鹿内君、社長にお願いして次回の出展は予算を増やしてもらい、イベントのプロにパネルからブース装飾まで依頼することにしました。

矢瑠鹿内「前回自分達で展示パネルやパンフレットをつくって、それなりに人は来てくれたのですが、引き合いは1件もなかったのです」

ブース装飾業者「引き合いとは？」

矢瑠鹿内「当社にお願いしたいと見積の依頼が来ることです」

ブース装飾業者「それなら『見積を取らせてください』というメッセージを大きく展示して、相手に伝わるようにしてはどうでしょうか？」

こうして次の展示会では、腕達工業の専門の加工、そして得意とするワークの大きさ、ロットを書いたパネルをつくり、パネルの一番上に、

〝何でもやります。ぜひ見積させてください!!〟

と大きく書きました。

洗練されたデザインで遠くからでもとてもよくわかりました。しかもパネルのデザインとブース装飾のデザインが統一されていて、とても良い感じです。

矢瑠鹿内「これなら何社かから見積の依頼が来るに違いない。そのうちの何件かが成約できれば売上は増やせる」

展示会当日、期待した矢瑠鹿内君ですが、思ったほど見積を頼みたいというお客様は現れませんでした。それでも1日目、午前中に1社、午後にも1社、「部品加工をやってくれる会社を探しているんですが……」というお客様が現れました。3日間で合計6社、今までにない快挙です。矢瑠鹿内君の期待も高まります。

展示会終了後、1社ずつ訪問し、5社からは図面を預かり見積を出すことができました。しかし結果を聞きに行くと、

【見積させてくださいというメッセージ】

お客様「いやあ、あの価格ではちょっと・・・」

結果、1社も受注できませんでした。

矢瑠鹿内「なぜだろう。今までのお客様は、うちの価格は高くないと言っていたのに。見積さえ出させてもらえば受注できると思っていたんだが」

どこが問題だったのでしょうか?

展示会のゴールを「新規受注のために、引合を○○件以上」としました。装飾はきれいになり、メッセージも統一されているため、人目を引きやすくなりました。しかし「何でもやります。ぜひ見積させてください」というメッセージは、価格に関心のあるお客様だけを集めてしまいました。こういったお客様はより安い発注先を求めて多くの会社から見積を取っています。価格だけを比較されると、腕達工業の見積は太刀打ちできませんでした。

ではどうやったらお客様に、腕達工業の技術に関心を持ってもらえるでしょうか?

Ⅰ 展示物の準備

(1) 展示物の役割

展示物の役割は、遠くからそのブースを見た時、そのブースに役に立つ情報があると思ってもらうことです。お客様はキャッチコピーでブースに目を向けても、ブースに入るかどうか一瞬躊躇します。実はここにもハードルがあります。

ブースに気が付いたけど、そのブースに入るかどうか、お客様が判断する際に具体的な製品やサンプルの展示があれば、

「この機会にひとつ実物を見ていこう」

という気持ちになるわけです。

つまりキャッチコピーがお客様を振り向かせ、展示物がお客様を引き寄せるのです。

先に述べたように実物があるのが、展示会のメリットのひとつです。特に大きな製品や設備の場合、後日営業と商談が進んでも実物を見るには、わざわざメーカーへ行かなければなりません。そういった商談に慣れているお客様は、できるかぎり実物を展示会場でできるだけ見ておこうと考えます。

もうひとつのメリットが、ブースに来たお客様に自社の技術や製品が本当に良いものだと、現物を見て納得してもらえることです。現物が持つ情報量は、写真や図よりも圧倒的に豊富です。そして情報量が多い程、お客様は強い魅力を感じます。さらに現物を見ることで、具体的な使い方や使用条件をイメージできます。つまり現物がお客様に説得してくれるわけです。

またサンプルなどで、実際に体験することがお客様の「欲しい」という気持ちを高めます。非常に滑らかな面、微細な加工、薄くても強い部品などは、お客様に実際に見て触れてもらうことで滑らかさ、微細な度合い、強度を実感してもらい、深く心に刻まれます。

ただし、ここで問題があります。部品メーカーの場合、普段生産しているものは取引先の図面や仕様に基づいているため、外部に出せないことが多いのです。その場合どうしたらよいでしょうか?

その場合は、取引先の仕事で得たノウハウや技術を表すサンプルを独自につくります。多くの場合、取引先が嫌うのは、その部品が自社の技術やノウハウを表しているからです。しかしその部品をつくる過程の中であなたの会社が工夫したノウハウや技術は、あなたの会社のものです。その部分だけを表すようなサンプルであれば、問題にならない場合が多いです。ただし、そのノウハウや技術を獲得する際に取引先の指導やアドバイスがある場合は、それも出せない場合がありますので注意してくださいね。

こういった展示サンプルをつくるのは若手社員を育成する絶好の機会です。私がお勧めするのは、これを若手社員に任せることです。どのような技術や要素を表現するのか、大事な点だけは決めておきますが、それ以外のことは若手社員に自由に考えさせてつくらせるのです。いつも取引先から言われたものをつくっているので、こういった機会に自由に考えることで発想が柔軟になります。それは今後の仕事に生かすことができます。まあベテラン社員からみれば不満な点はあるかもしれませんが、その点は育成のためと思って目をつむりましょう。

普段の仕事では、お客様に迷惑がかかるので若い人に失敗させることはなかなかできないと思います。しかし人が一番成長するのは失敗したときです。若い人は先輩がいろいろと失敗した経験を教えてもらい、しかも同じ失敗はしないように対策されて仕事をしているため、大きな失敗をしなくなっています（まあ、すべての会社がそうなっているわけではありませんが）。つまり若い人たちは失敗の絶対量が少ないために、余計に失敗を怖がってしまっています。

そこで若い人たちに自社サンプルを自ら考えさせ、つくらせれば、お客様に迷惑をかけることなく失敗を経験させることができます。自社サンプルの製作には、社員の人件費、材料費、時には外注費もかかりますが、それで人が成長するのであれば、費用対効果は悪くないのではないでしょうか。

(2) 展示物の効果　現物に触れることで印象に残る

展示会で熱心に説明し、お客様もとても良いと言っていただきました。となるとその後の成約を期待してしまいますよね。しかし冷静に考えれば、お客様はその日、とてもたくさんの製品や技術を見ています。あなたの会社の製品を見てとても良いと思っても、その後でもっとインパクトのあるものを見たかもしれません。

お客様は1日で非常に多くの情報がインプットされているのです。あなたのPRは多数のインプットの中のひとつでしかありません。後日訪問した時、期待してたほどの関心がなかったのは、お客様がその日もっと良いものをたくさん見て印象が薄らいでしまったのかもしれません。

そうならないようにするためには、展示会場でお客様にできる限り強い印象を残す必要があります。そのためにはお客様の五感をフルに活用します。口頭での説明とは、あなたの会社の製品や技術の良さを言葉を使って、論理的に相手に伝えることです。お客様は説明を聞いて論理的に納得すれば、欲しいという感情が生まれます。

一方、人間には、言葉以外に視覚、聴覚、嗅覚、味覚、触覚があります。これらの五感に働きかける展示をすれば、お客様の心により強い印象を与えることができます。つまり説明を聞いたり展示パネルを見たりするだけでなく、触ったり、操作を体験したりすれば、より深くお客様の感情が動くのです。

例えば、自社の製品の良さを説明だけでなく、グラフや図で説明するのもとても効果があります。グラフや図にすることで、お客様の問題がどれだけ深刻で、自社の商品はそれをどのように解決できるのかを直感的に深く理解します。さらに実際に手に取ってみれば製品の大きさ、重さが実感できます。

【ペンフィールドのホムンクルス】

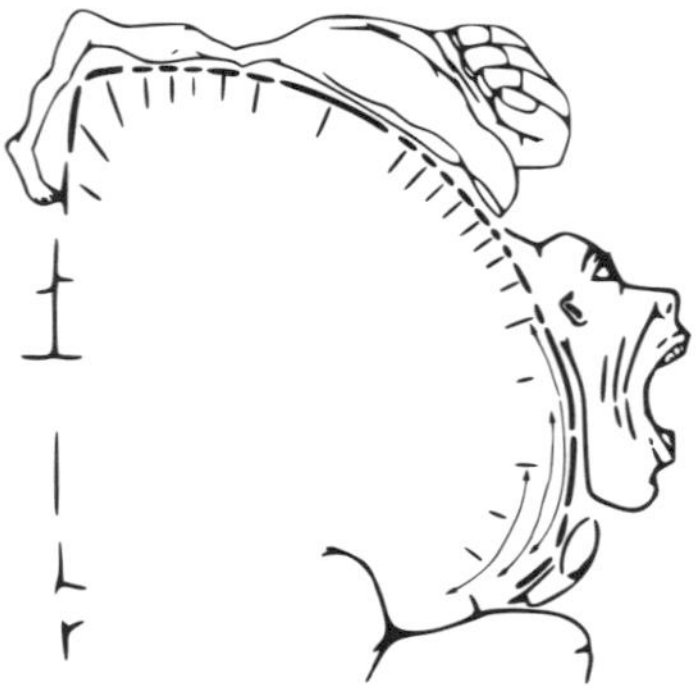

by Djielle（Wikipedia）

【感覚ホムンクルスの人形の図】

by Mpj29（Wikipedia）

この視覚や触覚の脳に対する影響力を、脳外科医で神経解剖学者だったワイルダー・ペンフィールド氏が調べました。ペンフィールド氏は、脳のどの場所の神経細胞体が、体のどの部位を支配しているかを調べ、その結果を脳の上に地図のように描きました。これがペンフィールドのホムンクルスです。左図のように脳の図にそれぞれの感覚器官を、感覚に占める影響の大きさに応じて大きさを調整して表しました。これによると足に比べ手の方が脳への影響力が高く、また目や口など顔の周りの器官も大きな影響を与えます。この感覚器官の影響の大きさを人形の形であらわしたものが右図の人形です。この図で見ても手で触ることが脳に非常に大きな影響を与えることがわかります。

従ってブースではできる限り触れてもらうことで、お客様はブースでの体験を強く印象づけ、忘れなくなるのです。

こうして、

○軽い
○強い
○表面が滑らか
○表面がでこぼこ
○なめらかに動く

このようなことをお客様に触って体感していただけるようなサンプルを用意します。そしてお客様によくわかるようにＰＯＰも作ります。

【使い勝手が確認できる】

展示物に必要な要素は、お客様が製品や技術を現物で確認できることです。例えば、非常に軽い素材をＰＲする場合、その軽さを体感できるようにします。そのためには様々なデモンストレーションを考えます。例えば、従来の素材と軽い素材で同じ形状を製作し、軽さを比較してもらう、あるいは水に浮かべて比較するなどです。こういったデモンストレーションを短時間に大勢のお客様に見せることができるのも展示会のメリットです。このようなデモンストレーションは、他のお客様も興味が湧いて見に来ます。そして人が人を呼び、集客が良くなります。

また工具や設備などは実際の使い勝手が重要です。実際に作業を試せる環境を用意すれば、お客様に使い勝手を確認してもらうことができ、良さを実感してもらえます。製造業は、現地現物主義が徹底している会社も多く、実際に触れる機会は重要です。

(3) 見せ方のポイント

同じ展示物でも見せ方によって、お客様の印象は大きく変わります。この見せ方のポイントは、「厳かに、親しみやすく」です。

【見せ方の例】

置いただけ

ショーケースに入れた例

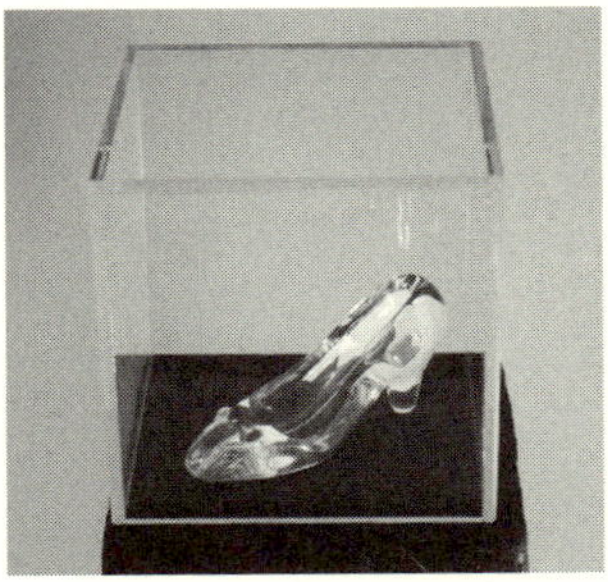

スポットライトを当てた例

【ポイント1 厳かに】

お客様に価値を感じてほしいものは、厳かにディスプレイします。右図に百円均一ショップで買ったガラスの靴のディスプレイの例を示します。机の上に置いただけでは、安物のガラスの置物も、ショーケースに入れてライトアップすれば、高級品に見えます。これがポイント1「厳かに」です。

例えば、精密加工品や壊れやすいものは、ショーケースに入れてライトアップします。そうすれば高級感が増し、お客様の関心が高まります。

中小企業には、サンプル品を机の上に置いただけで、しかも「手を触れないでください」と掲示しているところがあります。これはもったいないです。本当に手を触れて欲しくなければショーケースに入れて厳かにディスプレイした方が、お客様はすごく良いものだと思ってくれます。そしてお客様は疑問に思って「これはいったい何ですか?」と質問します。

【ポイント2　親しみやすく】

あるいは触っても問題なければ、むしろ「ご自由に手に取って、〇〇さ（軽さ、重さ、滑らかさなど）を確かめてください」と表示すれば積極的に触ってくれます。その時の印象が心に深く刻まれます。

このお客様に触らせることが「ポイント2 親しみやすく」です。前述したように人の感覚器官の中で、指先は非常に敏感な器官です。触ることで良さを実感でき、お客様の感情が動きます。

以前ある地方都市の中華屋さんで食事をしました。お店は中国系の人の経営と思われ、店員さん（女性、おそらく40代）も中国系の方でした。帰りにお金を払ってお釣りを渡す時に、おつりを私の手にのせた後、両手で私の手を包み込むようにして「ありがとうございました。またきてくださいね」と言いました。これで私の中でこのお店の好感度が一気に上がってしまいました。

あるいはアルバイトの女の子がつり銭をわたす時に、お客さんの手を両手で軽く触れることで、リピーターを獲得しているコンビニもあります。そのため常連さんが増え、キャンペーンの時に彼女が常連さんに「チキン20円引きです。いかがですか?」と声をかけると、大抵は買ってくれるそうです。このように触覚による感情の影響は極めて大きなものがあります。

(4) 必要な情報は表示する

せっかくいろいろなサンプルや展示物を準備したのですから、必要な情報は適切に表示してくださいね。以前、展示会で展示しているものがどんなものかわからなかったので、スタッフに、「これはどんなものですか？」と質問したら、「そのパネルに書いてあります」という返事でした。

うーん、短気な人ならこの応対で怒ってしまいますよね。

むしろこのような質問が出ないように、初めてのお客様がブースに入ってもパッと分かるように、必要な情報はわかりやすく表示しましょう。でもこれができていないブースも意外とあります。

展示会である企業のブースに立ち寄ったら、加工品のサンプルがずらっと並んでいました。

その会社の経営者と、「なかなかお客さんの反応がないんだよね」と雑談していました。

それで「これは何ですか？」と聞いたら「これチタンなんですよ。軽いでしょ」って、えっ、もったいない！

「それ表示しなきゃ、わからないですよ」と伝えました。

切削加工の場合、鉄やアルミ、ステンレスは、どこでもやっています。でもチタンやニッケル合金になると特有の加工技術やノウハウが必要なんです。鉄でも焼入れ鋼を切削するには高い技術が必要です。でも、サンプルを並べただけでは、鉄もチタンもニッケルも一見すると見分けがつきません。2メートルくらい離れたところからでも分かるような文字で「チタン」「ニッケル合金」「焼入れ鋼」と表示すれば、こういった加工に関心があるお客様は気づいてくれます。あと焼入れ鋼の場合は、硬度も表示しておいてくださいね。

Ⅱ 展示パネルの役割とつくり方

(1) 展示パネルの役割

展示物の次は展示パネルです。実践的な話が続きますので、疲れたら一息入れて続きを読んでくださいね。

ところで展示パネルの役割は何でしょうか?

よく自社の技術の特徴や良さを細かな字でびっしりと書き、細かい図やグラフが目一杯入ったものを見かけます。しかしこのパネルをブースで熱心に読んでいるお客様は、あまり見かけませんよね。

こういった展示パネルは、大学や公設試験所のブースによく見られます。彼らは、ブースで自分たちの活動内容や研究成果を伝えることが目的なので、展示会の会場で新たな共同研究パートナーや取引先を獲得しようと思っていないのかもしれません。活動内容や研究成果を伝えるためであれば、あのような細かい字でびっしり書いて「読みたい人はどうぞ」というスタイルで良いのかもしれません。

しかしあなたが出展する目的は、最終的に新たな取引先を獲得することです。そのためには、ブースに来たお客様に対して「これは良いものだ! 欲しい!」と思ってもらいたいのです。これが展示パネルの役割です。そしてあなたの会社の製品や技術・ノウハウが「とても良いものだ、取引したい!」と思っ

【展示パネルの内容】

1. キャッチコピーとサブタイトル
2. 困りごととその影響
3. 解決策
4. 解決策の効果とその証拠

てもらうためには、製品や技術・ノウハウの説明だけでは不十分です。

キャッチコピーを見てブースに入ってきたお客様に、展示パネルを見て、あらためて自分たちの問題点を認識してもらうのです。そして問題の解決方法としてあなたの会社の製品や技術・ノウハウがとても役に立つと思ってもらいます。

さらに展示パネルのもうひとつの役割は、どうしてあなたの会社がお客様の問題を解決できるのか、その理由を納得してもらうことです。多くの展示パネルは、自社の技術や製品の特徴や良さだけが書いてあります。お客様の問題とそれに対する自社の技術や製品の効果がありません。まあお客様によっては、お客様の問題をあえて明記しなくても、展示しているものが自分の問題を解決できると気がつくかもしれません。しかしお客様に気がついてもらうことを期待するより、こちらから訴えた方がより確実ですよね。

ここでは論理的な詳しい説明は必要ではありません。直感的に「これで自分たちの問題は解決できる！」と思ってもらえば良いのです。この点が大学や公設試験所の展示パネルとの違いです。

(2) 展示パネルの良い点

こうした展示パネルの良い点は以下の4点です。

① 説明員から話を聞かないで済む

全てのお客様がブースで説明を欲しているわけではありません。中には説明されることを嫌がる方もいます。ブースに来たお客様は情報収集のために来ているので、情報が手に入るのであれば説明はなくてもかまわないと考えている人もいます。人に説明してもらうと説明者のペースになるため、知っていることも聞かされます。短時間に情報を手に入れたい人はイライラします。

② 自分のペースで読むことができる

人に説明してもらうと、説明は説明する人のペースになりますが、展示パネルの場合は、途中まで読んで、それ以上必要なければ立ち去ればよいです。全部読んでもっと知りたいと思えば、説明員に質問すれば良いです。従ってお客様にとってリスクはありません。

③ 言葉だけでなく、図や写真で視覚的に伝えることができる

お客様の問題点を認識してもらうには、理論だけでなくイメージも重要です。さらにあなたの会社の製品や技術・ノウハウがお客様の問題を解決することを理解してもらうには、言葉の説明だけより、図や写真を使った視覚的な説明の方が、より具体的に理解してもらえます。展示パネルは、パンフレット

よりも大きいので、大きな図や写真でしっかりとイメージをお客様に伝えることができます。

④　一度に大勢のお客様に説明できる

説明員は一度に一人のお客様にしか説明できません。説明員が説明中であれば、大抵のお客様は説明員が空くのを待っています。そしてなかなか終わらないと、お客様はあきらめてブースを去ります。こうして去って行ったお客様が有力な企業のキーマンであった場合は、どうでしょうか。そしてそれまで一生懸命説明していた方は、全く取引にならない方でしたらどうでしょうか。もったいないですよね。

それに対して展示パネルは一度に複数のお客様に説明できます。字が大きく分かりやすいパネルなら、三人くらい一度に見ることができます。先のような機会損失を減らすために基本的な説明は展示パネルが行い、そこで疑問に思ったことを説明員に質問してもらうと効果的です。

(3)　展示パネルをつくるときのポイント

ポイント①　お客様の頭の中に「?」を起こす

説明の声掛けのタイミングは、意外と難しいですよね。お客様が説明を求めているのか、必要ないのか、お客様の様子からなかなか読み取れません。だったらお客様の方から質問してもらった方が楽ですよね。そこで展示パネルは、すべてを説明せず、お客様が読んでいて「?」となるような部分をつくっておきます。そして、お客様の方から質問してもらいます。

展示会のゴールが名刺の獲得である場合は、お客様に声をかけて名刺交換をしなければなりません。

その場合、お客様から質問してくれれば名刺交換が非常に楽になります。ただし、こういう仕掛けを展示パネルにした場合、常にお客様の質問を受けられるように、ブースに必要な人数のスタッフを配置しておいてくださいね。

ポイント②　詳しい説明は、別の資料を渡す

お客様にあなたの会社の製品や技術・ノウハウがお客様の問題を解決することを納得してもらうためには、なぜ解決できるのか、具体的な証拠と、その結果、お客様が得られるメリットを伝える必要があります。

これは言葉で説明しただけではなかなか納得してもらえないので、実験データや実際に活用した結果、使用したお客様の声を伝えます。しかし詳細なデータや市場での実績などは、短いブースの滞在時間に伝えるのは困難です。そこでこれらは別の資料で説明します。それまでにお客様が十分に関心を持っていれば、後でじっくり資料を読んでもらえます。慌ただしい展示会場でなく、時間のあるときにゆっくり読むことで、冷静に考えてもらうことができます。こういった資料には詳しい説明を丁寧に書くことができ、十分な情報量を載せることができます。あるいはホームページに図や写真と一緒に詳しい説明を載せておけば、お客様は見たい時に見ることができます。

(4) 展示パネルのつくり方

展示パネルに必要な内容は、以下の順序です。

① 展示パネルのテーマの決定

展示パネルが訴えるテーマを決めます。ひとつのブースに複数のパネルを置く場合、それぞれのパネルの内容を計画します。複数のパネルでひとつの内容を説明する方法と、ひとつのパネルでひとつの内容を説明する方法があります。複数のパネルでひとつの内容を説明する場合は、最初に見るパネルがどれか、お客様に順序が分かるようにします。これは第7章で示すブースの動線にも関係します。ひとつのパネルでひとつの内容を説明する場合、それぞれのパネルの内容がブース全体のコンセプトと整合が取れるようにします。展示パネルの配置は、キャッチコピーを見てブースに来たお客様が、どこからブースに入り、どのような順番でパネルを見るのか、考えて行います。詳しくは第7章のブースレイアウトで説明します。

② タイトル　何が書いてあるか

展示パネルの一番上に一番大きな文字でタイトルを書きます。これは展示パネルがお客様に訴えるメッセージです。お客様は、このタイトルを見て、そのパネルを読むか、読まずに通り過ぎるか、一瞬で判断します。ブースのキャッチコピーと同様に、お客様が「これは読まないと損」と思うような、お客様の問題点を意識させるタイトルにします。

例

先ほどのバリの例では、

○「内部バリ、完全除去」
○「バリ無し加工」

などバリが完全に解決できるようなタイトルにします。

③ その問題はどのような影響があるのか

タイトルで掲げた問題が、どのような影響をお客様に及ぼすのか、具体的に書きます。例え過去にお客様がその問題で痛い目に遭っても時間の経過と共に記憶は薄れています。できれば過去の痛い思い出を思い出してもらい、この問題の解決が非常に重要なことに気がついてほしいところです。この「問題がとても重要で、その問題を放置することでどのような影響が生じるか」、具体的な内容を展示パネルで訴えます。そうしてお客様はこの問題の解決策をより深く知ろうという気持ちになります。

例

このような内部の穴のバリにより生じる問題を提起します。

○内部のバリの拡大写真
○内視鏡で検査してもわからない、内視鏡で見えないところのバリ
○脱落したバリ

○切り替えバルブが噛み込んだバリ

このような問題点の写真をパネルで示します。

④ 解決策の提示

あなたの会社の製品や技術・ノウハウがその問題をどのように解決するのか、具体的に書きます。言葉だけでなく、図や数値で表すとより効果的です。大きさや強さなど量を伝える場合、言葉より図などで視覚化した方が直感的な大きさがわかります。あるいは方法を説明する場合、構造図やブロック図を使えば文章で長々と説明しなくてすみます。

例

○特殊な洗浄方法で内部のバリの完全除去を実現

ただし、これが自社のノウハウであれば、具体的な詳しい方法は示さないでおきます。競合にマネされないように要点をぼかしておきます。

⑤ 解決できる理由を説明する

多くの場合、展示パネルはタイトル、問題点の影響、解決方法を伝えるとスペースは使い切ってしまいます。しかしお客様に欲しいと思ってもらうためには、この方法が自社独自の方法であり、優れたものであると思ってもらう必要があります。そのためには、この解決策の理由やそれによるお客様のメリットを伝えたいところです。

もし競合にまねされる恐れがあり、具体的な方法まで書けない場合は、理由は実験や評価データ、お客様の声などでも良いです。あるいはその技術や製品に関する詳しい資料を別途用意したり、解決の根拠となる技術的な資料や実験データなどを掲載します。この別途資料はスペースの制約がないので、お客様に的確に伝わるように十分なボリュームで書くことができます。

一方内容がシンプルであれば根拠となる証拠まで展示パネルに記載します。簡単な比較データや図、試験の写真などを掲載し、その根拠まで伝えることでお客様の関心は一層高くなります。そして欲しいという気持ちになってブースを去ります。

あるいはその根拠を展示サンプルで示すのも良い方法です。キャッチコピーにひかれてブースに入ったお客様が必ず展示品を見るとは限りません。あるいは展示品を見ても、それが何を示すのか気づかないこともあります。

展示パネルに問題点と解決策を紹介した後、「なぜ解決できるのか、その理由を展示品で説明するから、見て欲しい」と訴えます。こうしてキャッチコピー、展示パネル、展示品が一体となってお客様にあなたの会社の技術や製品の良さを伝えます。

キャッチコピーとサブタイトル	穴の**バリゼロ工法** 見えないバリが機械を壊す
困りごととその影響	どうしても加工で発生するバリ 全数検査しても流出 バリ画像　壊れた機械画像 精密機器にとって大きな課題でした
解決策	○○社の□□工法 特長 ・バリ発生を最小化する○○加工 ・バリ除去を○％以上を実現した○○洗浄
解決策の効果とその証拠	従来工法と□□工法の比較 従来工法画像　○○工法画像 従来工法　○○工法

例

バリを除去する特殊な洗浄方法の使用前と使用後の写真、角部の輪郭形状測定結果などを掲載します。

(5) プラスアルファの情報提供

実際には説明用のパネルはそれほどたくさんの情報を入れることはできません。たくさんの情報を詰め込むと、字も図も小さくなり、お客様も読もうという気がなくなってしまいます。そのため例のようにお客様が最も関心を持つトピックスに絞り込んで掲載します。そうなるとそれだけでは、お客様が納得していただくには情報が不足するかもしれません。

その場合、以下のように段階的に情報を提供するのがおすすめです。

① チラシ
② パンフレット

キャッチコピーとサブタイトル	**短納期単品加工** NCより早く、正確に
困りごととその影響	NC旋盤の課題 ・プログラム作成に時間がかかる ・出来栄えが悪いと再度加工 1個だけ作るにはNC旋盤は効率的ではありませんでした
解決策	○○社の汎用旋盤加工 特長 ・熟練の作業者が直ちに加工を開始、プログラム時間が不要 ・仕上げ面、加工精度を測りながら加工するため、やり直しがない
解決策の効果とその証拠	NC旋盤に比べ平均○%のリードタイム短縮 従来工法　平均○分 ○○工法　平均○分

③　技術情報・詳細情報

それぞれの役割は以下のようになります。

①　チラシ…Ａ４の片面、又は両面印刷

展示パネルの内容をそのまま印刷したもの、あるいは展示パネルの内容にもう少し情報を付け加えたものです。これはスタッフが配ったり、パンフレットスタンドに配架しておきます。このチラシは多くのお客様に渡るので、そこで関心を持ったお客様は、ブースへ来たり、後でホームページを見たりします。そのためチラシには、次のアクションに繋がるように詳しい内容はホームページにあることを記載して、ホームページのＵＲＬも掲載しておきます。

② パンフレット…A3の2つ折り4ページ、又は3つ折り6ページなど

チラシの拡張版です。紙面が多いのでより詳しい情報が載せられます。例えば写真や図を多く使ってわかりやすく説明したり、より詳しい内容を説明したりします。これをしっかりとつくっておくとお客様に説明に行くときの説明ツールになります。特にＢｔｏＢの場合、担当者に説明しただけでは採用となりません。他の部署も含めて複数の人たちがあなたの会社の製品や技術の良さを理解する必要があります。そのためにもパンフレットをつくっておくと、担当者もこのパンフレットを渡せば説明できるので助かります。

③ 技術情報・詳細情報

より高度なテクニックとして、より詳しい技術情報・詳細情報を用意する方法があります。これには試験データやサンプルの測定値、あるいは他社との比較データや、これらのデータを図やグラフにまとめたものです。これはライバル会社には渡せないので、展示会の会場では配布せず、後日お客様を訪問した際に、とっておきの情報として渡します。あるいは展示会の会場でも、これはと思ったお客様に陰でこっそりと渡すのもありです。

この資料を渡すときには、「他のお客様には渡さないのだけどあなたには特別にお渡しします」「企業秘密があるので絶対に同業者には見せないでください」などと、前置きを入れてしぶしぶと重々しく渡します。そうするとこの情報の価値が非常に高まります。さらにこの資料を渡されたお客様は、自分が特別な待遇を受けているという気持ちになります。

人は一度にまとまった情報を与えられても、すべて消化しきれません。展示会の会場でスタッフが詳しい説明をしても、後でお客様を訪問して聞いてみると半分も覚えていないことは決して珍しくありません。そこで重要なポイントから、展示パネル、チラシ、パンフレット、技術資料と段階的に情報を提供すれば、お客様も徐々にインプットされるので忘れにくくなります。またそうすれば、お客様も自分が関心のある部分だけ集中して情報を集めるので、より忘れにくくなります。

(6) 外部に委託する場合

外部の業者に展示パネルの制作を依頼する場合も、展示パネルのタイトル、小見出し、掲載するデータや写真は自分達で用意します。その上で「どのような流れでお客様に情報を伝えるのか」これを業者に説明します。展示パネルで伝えたい内容の流れと、掲載するデータや写真を決め、デザインや具体的な説明文の制作を任せれば、見栄えも良く、しかもお客様に的確に内容を伝える展示パネルになります。

【伝える力の重要性　営業力＝商品力×伝える力】

営業力を高めるためには、商品が良いことに加えて、商品の良さをお客様に伝えることが重要です。これは　**営業力＝商品力 ×伝える力**　のように掛け算で効いてきます。

ここでＢｔｏＢの場合、商品力とは、自社の技術や製品です。商品力が高くても、伝える力が弱ければ営業力は半減します。

今まで多くのＢｔｏＢ取引では、技術を重視していたため、

「良いものをつくれば売れる、よい技術があれば受注は増える」という考えがありました。実際は、どれだけ良い技術や商品があっても伝える力が弱ければ営業力は大幅に低下します。積極的に営業しなくても受注が潤沢にあった時代は、伝える力が弱くても問題にならなかったかもしれません。しかし今日新規開拓で受注を増やすには伝える力を高め、営業力を強化する必要があります。

ＢｔｏＣの企業では、自社の商品やその商品の特徴をお客様に伝えるために、多額の広告宣伝費を投入しています。例えばお菓子や清涼飲料などは、商品の違いより、広告宣伝やマーケティング戦略の違いで売り上げに大きな差がつきます。これからはＢｔｏＢでも伝える力で売り上げに差がつく時代になってきます。一方製造業ではＢｔｏＣ企業のように多額の費用をＰＲにかけることができないので、その点で、展示会は多くのお客様に短期間で効果的に伝えることができる方法です。

Ⅲ ノベルティ・配布物

ノベルティの役割は集客です。これは「ただで○○がもらえるなら、そのブースに行ってみよう」とお客様が行動することを期待しています。あるいはノベルティと引き換えにアンケートを取り、その後の営業に役立てることもあります。

従って、集客から、説明、訪問やフォローまでの一連の流れの中で、ノベルティの役割を考える必要があります。あなたも展示会の会場で様々なノベルティをもらったことがあると思います。「このノベルティをもらえるならブースに行ってみよう」とか、「このノベルティがもらえるならアンケートに応えてみよう」と思ったことがあったでしょうか？　そのようなことがあれば、あなたの会社でもノベルティを活用すれば集客が増加します。

あるいは、自社商品を新たに発売した会社は、多くの人に広く知ってもらうためにノベルティに商品案内を添付して配布します。例えば、工具やネジなどの消耗品は、お客様を特定しないためノベルティによる告知の効果は期待できます。

しかしＢｔｏＢで課題解決型の営業を目指す場合、ノベルティの効果は限られます。ノベルティにつられてきたお客様があなたの会社の求めているお客様でなければ、新規開拓につながらないからです。

そこでお勧めするのが、あなたの会社の技術やノウハウを表したサンプルです。実用性は全く必要なく、単なる加工サンプルで十分です。そして、このサンプルは小さいほど良いです。なぜなら使ってもらうことが目的ではないからです。私が設計者だった時、取引先から加工サンプルを何度かもらいました。小さな金属片に穴を空けたものとか、メッキをしたサンプルなどです。これらはその会社の技術のノウハウを表していました。

この加工サンプルは、どうなったと思いますか？

私の机の引き出しに何十年もずっと入っていました。ある日先輩の設計者の引き出しを見たら、やはり大昔の加工サンプルがずっと眠っていました。私はその加工サンプルを見るたびに、その企業のことを思い出しました。その会社の名刺やパンフレットはとっくになくなっていましたが。

つまり加工サンプルは、名刺やパンフレットよりもずっと長い間、お客様の引き出しの中で、あなた

【お客様の机の引き出しにいつまでも入っているサンプル】

の会社のことを訴えてくれるのです。そう考えれば、実用性は必要ありません。キーホルダーやペンスタンドなど実用的なサンプルをつくる会社もありますが、私はむしろマイナスになると思います。実用性があれば、引き出しに入れずに使ってしまい、何年かで消え去ってしまうからです。むしろ実用性がなく、小さくて机の引き出しに入れておいても邪魔にならないようなものが、最も効果が高いです。これは日本人のものを大切にする習性も影響しています。さらに加工サンプルの良い点は、あなたの会社の製品や技術・ノウハウに関心がなければ、全く意味がないものという点です。ですから、この加工サンプルを受け取った人は、少なくともあなたの会社の製品や技術・ノウハウに関心がある人です。

具体的には、先の穴加工のバリの例では、小さなテストピースに交差した穴をいくつか加工し、それをワイヤーカット放電加工で切断して、断面がわかるようにしたサンプルを作ります。そうすればバリのない加工技術がひと目でわかりますし、お客様はそれを持ち帰って顕微鏡で拡大してみることもできます。さらにお客様が自分の上司に説明する時も、この加工サンプルは何よりも雄弁にあなたの会社の技術を伝えてくれます。

こういった加工サンプルの製作は社内でできるため、費用はそれほどかかりません。ただし、これを配布する時は、サンプルだけを渡すのではなく、ビニール袋や箱に入れて、サンプルの加工技術の説明文と問合せ先（あるいは担当者の名刺）を添付してくださいね。そうやってお化粧すれば、単なる金属片がサンプルというとても価値あるものになりますから。

あと加工サンプルには、レーザーマーカーなどであなたの会社の社名かロゴを入れておくと良いです。何十年も経つと名刺もなくなり、サンプルを見て加工技術は思い出すけど、会社名が思い出せず、「どこでつくってもらったものたったかなあ」ということがよくありますので。

Ⅳ ブース装飾について

展示会で企業が判断に悩むのが、ブース装飾費です。他社がやっているような目立つ装飾をやろうとすると、１００万円といわれ驚いてしまいます。実際は、いくらかかるのか、誰に頼めばよいのか、展示会専門のプランナー、「オフィス　エス・ポート」の佐藤氏に語ってもらいました。

Q1　ブース装飾の予算はどのくらいを見込めばよいのでしょうか？

いくらかかるのかは、装飾をどこまでやるのかにより変わります。ただし、装飾するからには、最低限以下のものは必要になります。

○説明パネル
○床カーペット
○社名看板
○電気工事、照明及びコンセント

この他に展示台や机・受付台などが必要になります。さらに全面をパネル貼りすると、非常に見栄えが良くなります。

また装飾は、単にパネルを貼るだけでなく、お客様の訴えたい内容、コンセプトに基づいてプロがデザインします。そのデザイン費用もかかります。

装飾の費用はデザインや見栄えをどこまで上げるかにより変わりますが、必要なパネルや備品を用意するだけでも1コマ仮に3m×3mのスペースとして20万円～、デザインも含めてインパクトのあるブースにするには、装飾費は30万円～になります。

実際には出展者の展示品や装飾に対する考え方について、確認しながら進めるもので、テーマによっては1コマ100万円以上掛けるブースも珍しくはありません。

展示会によっては、パッケージブースという呼称で事務局側が斡旋する簡易装飾もあります。その場合費用は大体10万円以下ですが、デザイン性は全く配慮されておらず、必要最低限のものがあると考えた方が良いです。初めて出展する場合、費用をかけるのが不安な場合は、最小の予算で始めて、次回から予算を多めにして装飾をグレードアップする方法もあります。そのあたりは、業者に依頼する際に伝えてもらえば予算に合った範囲で製作してくれます。

Q2　ブース装飾はどこに頼むのでしょうか?

初めて展示会に出展する場合、ブース装飾を依頼する先は次の3種類があります。

●広告代理店

著名な大手広告代理店以外にもあなたの地域にも様々な広告代理店があり、展示会の企画・運営やブース装飾を行ってくれる会社があります。このような会社は、広告や販促を専門としており、企画だけでなく、展示会の運営までサポートする会社もあります。

（長所）

・経験豊富なブレーンが多く安心して仕事を任せられる
・企画書等で提案を行い、運営面も含めた展開を得意とする
・販売促進方法について幅広いノウハウがあり、応えてくれる

（短所）

・後述の業者に比べて、金額が高くなる傾向にある
・中には外注依存が高い会社もあり割高になる、施工業者との意思疎通に時間がかかる
・大企業の大型案件の場合は、企画力は非常に重要になるが、中小企業の小さなブースでは企画力だけで他社と差別化するのは難しい

●展示会専門業

広告代理店が広告制作や企画、販促など幅広い分野をカバーするのに対し、展示会の企画、制作、運営に特化した会社です。どちらかというと規模の小さい会社が多く、広告代理店の下請けをしている会社も多くあります。

（長所）

・自社で直接、企画・運営（時には制作まで）を行うため、中間マージンがなく比較的安価
・製作やデザインについて、営業とデザイナー、制作会社が密接に連携するため、意思疎通がスムーズで対応が早い
・中小企業の小型案件を得意とするところも多く、費用対効果が高い

（短所）

・会社によっては、ブース制作は得意だが、展示会の運営などソフト面で弱いところもある

・広告代理店のようなプレゼンテーションや提案力にやや乏しい面がある。そのため公共機関や大手企業のように広く公募し、公募案件に対し提案し、その結果入札するようなものは弱い
・良くも悪くも担当者によって提案、企画の内容、その後の対応が変わる。また担当者の経験度や仕事に対する姿勢などにより違いが出る

●印刷会社や専門外の会社

中小企業にはそれまで広告代理店や展示会専門業者との取引がなく、新たに取引先を探さなければならない会社もあります。その場合、従来から取引のある印刷会社などが展示会の制作物やブース装飾まで行う場合があります。

（長所）
・すでに取引があるため意思疎通が容易で安心できる。展示会からパンフレット、チラシなどコンセプトの統一が容易
・印刷物には強みがあるので、きれいなパンフレットやパネルなどグラフィック関係が重要な案件は得意
・自社のことをよく知っているので、いろいろな企画や提案が期待できる

（短所）
・本業ではないので、展示会の専門知識に乏しい

・展示会は担当者の専門分野でないので担当者によっては深く関与したがらない
・印刷以外の分野は、外注との意思疎通の問題が生じたり、担当者が消極姿勢になりがちである
・打合せは自社で行うが、展示会が東京などの大都市の場合、大都市での設営や運営に対応できなかったり、出張費がかさむ場合がある

いずれの業者に発注するにしても、大半の業者は「今まで展示会に出展してきた企業」をお客様としてきています。業者によっては「初めて展示会に出展し、新規開拓を行う」会社に対し、経験が少なかったり、新規開拓に関する知識が乏しい場合があります。

特にＢｔｏＢの新規開拓では、格好いい派手なブースや見栄えのするブースをつくっても、それで展示会営業が成功するとは限りません。どこにお願いするにしても、自社の想定するお客様、訴える内容、目指すゴールは自分達で決め、どんなブースが必要なのか自分たちで考えることが必要です。そこまで明確になれば、業者にお願いすれば予算と欲しい姿に見合ったブースを提案してくれます。つまり丸投げはゼッタイにＮＧです。

また初めての出展の場合は、いろいろ気が付かないことも多いので、最初から目一杯の予算にすると追加が出た時に予算オーバーになってしまいます。仮に予算の上限を50万円に設定し、業者に話す際には「40万円の予算で考えているが、こちらで選択できるよういくつか提案項目も出してもらえないか？」と伝えれば選択範囲も広がり予算的にもまとまりやすくなります。

Q3　そもそもブース装飾は必要なでしょうか?

なくても展示はできますが、お金をかけブース装飾をすることで以下のような効果があります。

●装飾のメリット

やはり、しっかりと装飾することで他社との差別化を行い、自社製品やサービスを強く訴求できま

す。実際は装飾しなくても充分に興味を引く商材であれば、演出は必要ないかもしれません。現実にはそのような商材は極めて稀なので、様々な装飾や展示を工夫すれば、まずは来場者の目に留まることができます。皆さん意外と気がつかないのは、出展社がセンスの良い装飾や展示を努力すれば、お客様に出展企業の本気度が伝わることです。私達も、出展企業の新規開拓や新製品にかける意気込みが伝わるような演出やデザインを心掛けています。

●デザイナーがデザインすることの強み

展示会業務に携わるデザイナーは、展示会のブースデザインを長年経験を積み努力を重ねてきています。お客様に納得頂き、しかもコストに見合った実践型デザインを行います。その豊かな発想力と、かつ実現可能なデザインは、経験のない人の思いつきのアイデアとは大きな違いがあります。また、提案する範囲も広く単なるブースの形にとどまらず、展示方法や細かな表示類に至るまでトータルでデザインします。そのため、統一感の取れたブースになります。これらにより、お客様に注目してもらえる、皆様の会社のPRしたい点が一目で伝わるブースになります。

Q4　ブース装飾を依頼する時の注意点は何かありますか？

私達は依頼主からの希望を聞き、そのイメージを形にする仕事なので、意思疎通がうまくいかなければ良いブースになりません。そこでトラブルを避け、予算内で良いブースを作るためには、以下の点を注意して依頼することをお勧めします。

・依頼前には、打合せ内容を整理して箇条書きにするなり簡単な書式にまとめます。
・はじめに件名、場所、会期、準備期間、ブース規定、等わかる内容の事項を伝えます。
・次に、すでに社内的に決まっているテーマやコンセプト、展示内容など資料を添付して内容を伝えます。これらが決まっていない場合は、これも含めた提案を私達からします。その場合、依頼者と受託者の相互の確認が必要です。
・デザインを行う上で、必要になる資料やロゴマーク等のデータも用意できると良いです。
・費用は重要な点です。明確にいくらまでとか、金額の範囲を伝えます。
・提案する内容（図面の種類）や提案期日を伝えます。

佐藤　秀弘氏
オフィス エス・ポート代表　戦略的展示会コンサルタント
「展示会は五感に訴えられる最上の手法であり 販売促進には欠かせない」をモットーに、企業の販売促進計画の一環として、展示会の企画からデザイン、施工、販促商品の製作まで行う。
名古屋市中川区二女子町4丁目32番地
TEL：052-880-3048　URL：http://www016.upp.so-net.ne.jp/esport/

V ユニフォーム、その他について

(1) ユニフォーム

他に用意するものとして、ユニフォームをお勧めします。ユニフォームといっても冬はウィンドブレイカー、夏はポロシャツで十分です。少し派手目の色で、背中や胸に大きく社名をプリントして、スタッフであることが誰にでもわかるようにします。

これによりお客様はブース内ですぐにスタッフを見つけ、質問できます。大抵は出展者の名札を首からぶら下げて、スタッフと分かるようにしていますが、名札を見て識別するのは、意外と大変です。その結果、せっかくお客様が質問しようと思ってもスタッフが分からず、去って行ってしまいます。特に今の若い人たちは、対人コミュニケーションが不得意な方も多くいます。そういう人も企業で開発や設計をしています。ひと目でスタッフとわかるようにし、気軽に聞けるようにすることは重要です。

それと普段営業でスーツに慣れている人は別として、製造業では普段から作業着を着ている人が多く、展示会でスーツやネクタイの着用は彼らにとって苦痛です。その点、ポロシャツやウィンドブレイカーであれば、スーツより楽なので、その分接客に専念できます。

(2) 名刺

展示会用に名刺にキャッチコピーを入れたり、ブースの装飾カラーに合わせてイメージを統一すれば、よりインパクトのあるものになります。展示会ではお客様は多くの名刺をもらいます。会社名と連絡先だけの名刺では、後で「その会社が何だったか」お客様も分からなくなります。最低でも「あなたの会社の製品や技術」は名刺に記入します。他に展示会用の名刺にはキャッチコピーや担当者の顔写真を入れておけば、後日訪問したときでも思い出してもらいやすくなります。あるいはホームページで展示に関係した製品や技術を紹介したホームページのURLを記入しておけば、会社に帰ってからホームページで調べてもらうことができます。

ここで改めて手順3の流れを振り返ると以下のようになっています。

手順3のまとめ

Ⅰ　展示物

お客様にブースに入ってみたいと思わせるもの
現物に触れることでお客様の心に深く刻まれる
見せ方のポイント「厳かに、親しみやすく」

Ⅱ　展示パネル

自社はお客様の問題点を解決できると思ってもらう
お客様の頭の中にあえて?を起こす
ポイントは、問題点とその影響、解決策とその理由

Ⅲ　ノベルティ

実用性のないサンプルが効果的

Ⅳ　ブース装飾

Ⅴ　その他ユニフォーム

一目でスタッフと分かること

第7章

〈手順4〉ブースの配置と説明トークの準備

鎌倉庄司

手順の全体像

手順4は、ブースのレイアウトから説明トークの準備、そして展示会会場での行動までです。以下の5つのポイントがあります。

Ⅰ節
ブース設計のポイント
多くの人に入ってもらうためのブースの考え方
- 歩く人の足を止めさせる
- 中に入りやすいブース
- ブース制作のプロのアドバイス
- 質問がしやすいブース

Ⅱ節
事前準備と役割分担
ブース配置の事前の練習やブースでのメンバーの役割
- メンバーの役割分担とブース配置の演習
- 持ち物の確認

Ⅲ節	Ⅳ節	Ⅴ節
ブースでのNG集 意外と知られていない「やってはいけないNG行動」	トークの準備とロールプレイング スムーズに接客するためのロープレやトーク練習	展示会の一日の流れ 事前に1日の行動をイメージしておく
(1) ブースに座ってお客様を待つ (2) ブースの真ん前に立つ (3) ブースの前でパンフレットを配る (4) ブースに入ってすぐに名刺交換をする	●説明トークの練習 ●質問を引き出すためのトーク練習 ●名刺交換のロープレ	●朝の開始から終了までの一日の流れ

コラム

矢瑠鹿内君の失敗例　展示会ブースで失敗

いよいよ展示会が目前に迫ってきました。矢瑠鹿内君は今まで準備した展示パネルや展示品などを車に乗せて展示会場に着きました。やっとの思いで準備した物を台車に乗せてブースを探してたどり着きました。

腕達工業は1コマで予約してありました。場所は展示会場で割と人通りが多いところで、両方が他社のブースに囲まれたところでした。一般的な「ブースパック」を頼んであったので、机とイスが一つずつ、それにブースの上に社名板があるシンプルな作りです。

矢瑠鹿内君はそのブースに着いて、はたと考え込みました（どうやってブース内を配置しようか?）。矢瑠鹿内君は連日パネルの準備やサンプルの準備に追われていて、ブース内の配置を全く考えてきていませんでした。

「まずは基本として、机の上に会社案内と名刺を入れてもらう貴名受を置こう。そうすれば、このイスに座って接客できるからな」と独り言を言って、机の上から配置を始めました。

「その次にパネルだな。パネルは真正面に2枚貼ればいいよな」と言ってA2サイズのパネルを2枚引っかけました。

最後に…あっ！　展示物を置く台がないな！　ブースの正面じゃもしかして盗まれる可能性もあるからな！　明日の朝早くに持ってこないと」と言って、その日は展示物は持って帰ることにしました。

展示会の当日、少し早めに会場に着いた矢瑠鹿内君は、台車に台と展示品を乗せてブースに着きました。そしてブースの奥の方に台を置き、その上に展示物を置きました。

「よし！　これで完璧だ！」と言って台車を片づけようと思ったのですが、台車を片づける場所がありません。駐車場は遠いので台車を置きに行くには時間がありません。仕方なく台車をブースの片隅に出しっぱなしにするしかありませんでした。

場内にアナウンスが流れます。「いよいよ展示会がスタート致します。出展者の皆様の成功をお祈り致します」これを聞いて矢瑠鹿内君もイスに座ったまま武者震いがしました。

それから程なくするとブースの前を歩く来場者が増えてきました。しかし腕達工業の前はみんな素通りするばかりです。半日過ぎてもその状況は変わりませんでした。さすがに矢瑠鹿内君も少し焦ってきました。ようやく気になって周りを見渡してみると、隣近所のブースはとても華やかに飾り付けられていました。「うちのブースは暗いからダメなのかな?」

そうこうしているうちにあっという間に初日が終わりました。名刺交換ができたのは人材系の営業の会社2社と表敬訪問で来た仕入業者が2社の4人だけでした。

2日目、いろいろ考えて今日は積極的に会社案内を渡しながら声を掛けることに決めました。机とイスを奥の方へ持っていき、会社案内を片手にブースの真ん中で前を通る人に差し出しました。しかし差し出すタイミングが悪いのかほとんど受け取ってもらえません。たまに受け取ってくれる人がいても、大きな紙袋に他のブースのパンフレットやチラシをパンパンに入れた人が内容も見ないで受け取るやいなや紙袋に入れてしまいました。

午前中はほとんど会社案内を渡せなかったので、午後からは思い切って声を出しながら会社案内を配りました。「腕達工業です! 見ていってください!」最初は小さな声でしたが、誰も振り向いてくれないのでだんだんと大きな声になってきました。しかし誰も近づいてきません。

3時ぐらいに社長が来てくれました。「おいおい矢瑠鹿内君、うちのブースの前をみんなが避けて歩いていくよ。大声で呼びかけるのは止めてくれ」そう言われてみれば何となく避けられていたような気がしました。その後は初日と同じようにブースの前面に机を置いてイスに座ることにしました。どちらにしても立ちっぱなしで疲れていたので、渡りに舟でした。

最終日、結局名刺はまだ10枚も頂いていません。名刺は総務に頼んで３００枚持ってきたので、もう少し名刺交換しないと面目が立ちません。今日はもう一度机とイスを片づけて声を出さないでブースの前に立つことにしました。そうすると今までと違って何となく興味を持ってブースをチラ見する人が増えてきたような感じです。しかし、ブースの中には入ってきません。「何で中には入ってこないのかな?」しばらくしてトイレに行きたくなり、慌てて戻ってくるとなんとブースに人が入っていました！　しかし矢瑠鹿内君がブースに来るとすぐにその人は逃げるように出て行ってしまいました。「なんだろう?　ボクがいない方がいいのかな?」

お昼頃にまた社長がやってきました。「矢瑠鹿内君、がんばっている気持ちはよくわかるが、ブ

【呼びかけることで避けられてしまう】

ースの真ん中で仁王立ちしてたら、私だって入りにくいよ」そう言われて初めて気付きました。

午後からはブースの端の方に立つことにしました。そうするとフラフラと入ってくる人が少しずつ増えました。でもそんなに長居をする人はいません。なので、帰ろうとする人を無理矢理止まらせて名刺交換を迫りました。そうすると渋々何人かの人が名刺交換をしてくれました。

そうこうするうちに会場には「蛍の光」が流れ始めました。矢瑠鹿内君はブースの中の物を片づけて疲れ切って会場を後にしました。

I　ブース設計のポイント

いよいよ展示会も近づき、準備もかなり終盤になってきました。残りの時間も少なくなり焦る頃だと思いますが、最後まで準備を徹底的にやっていきましょうね！

展示物や展示パネルが準備できたところで、ブースの配置を考えるタイミングになります。本当は、展示物と展示パネルができあがるタイミングが展示会開催の1か月ぐらい前だと余裕が持てます。初めて出展する人にとってはブースの設計はなかなかイメージがつかないものです。1か月前に物の準備ができていれば、足らない物を準備したり、パネルを作り直したとしても何とか当日までにはやり直しができます。できるだけ準備は早め早めにしていくようにしてくださいね。

それでは、まずはブースの配置のための設計を考えていきましょう。

(1) 歩く人の足を止めさせるブース設計

展示会出展の募集要項に必ず書いてあるのは、「前回来場者○○人」という言葉。これを見ると「すごい！」と思います。それと同時に、「これだけの人が来るのであれば、自社が出展しても必ず多くの人が立ち寄ってくれるはず」と思ってしまいます。しかし！　残念ですがあなたの会社のブースには来場者がほとんど立ち寄ってくれないと思ってもらって間違いないです！　と言うのは大げさですが、しっかりとした設計をしないで出展するだけでは、立ち寄ってもらえる人は限られた人になります。ある程度のブースの訪問や名刺交換を目指すのであれば、最初のブース設計がとても大切になります。

ちょっと余談になりますが、ブースの来場者をよく観察していると、フラフラと歩いている人とスタスタと歩いている人と2種類の方がいるのに気付くと思います。スタスタ歩いている人のほとんどは目的を持って歩いているようです。出展者リストとブースの配置を見ながら、予め見る予定である目的のブースへと向かって早足で歩いていきます。

展示会を出展する際に、来場者から「目的のブース」としてブースの配置図に「○」を付けてもらえる人を増やすことはもちろんとても大切ですが、それと同時にフラフラと歩いている人をどう引き寄せるかを考える必要もあります。

「フラフラ歩いている」というと失礼な表現になりますが、一般的に目的のブースを見終わった人は歩くスピードを落として、「何か面白い物はないだろうか？」と思い、左右を見渡しながらゆっくりと歩きます。

こういう方々にあなたの会社のブースの存在に気付いてもらい、ブースに立ち寄ってもらうためには

【歩く人の足を止めさせるブース】

人が集まるブース

どうしたらいいでしょうか？　一度そういう立場の人をイメージして考えてみてください。営業全般でこのイメージすると言うことはとても大切なので、ここで一度本を閉じてイメージを膨らませてくださいね。

ここで、第6章で考えたキャッチコピーとメッセージパネルが活きてきます。素晴らしい展示品も大切ですが、刺さるキャッチコピーの方が足を止めることができます。このキャッチコピーの入ったメッセージパネルをどこに貼るのがベストでしょうか？　出展経験の少ない方はブースの真正面にメッセージパネルを配置してあります。残念ながら、ブースの真正面は立ち止まった人にとっては見やすい位置になりますが、歩いている人にとっては死角になりやすく、気付かずに通り過ぎてしまうことになります。

歩いている人の足を止めるためには、ブースの直前で急ブレーキを掛けさせることはほぼ不可能ですから、遠くから興味を惹きつけさせて、ブースの近くに来たら歩みを遅くさせることが必要になります。ドライブに行ってお店に入る時も、遠くからよくわかる看板を見て、車の速度を落としながらウインカーを出すのとよく似ているというとわかりやすいかもしれません。

歩いている人の気を引くためには3つのポイントがあります。

1つめはブースの両脇に壁に貼るパネルです。メッセージパネルは遠くからでもわかる両脇に壁に設置するというのがお勧めです。第6章で考えたキャッチコピーが刺さることで足を止めてブースに入ってきてもらえます。キャッチコピーのできあがりを再度確認してくださいね。

2つめはブースの正面に動く物を置いたり、目立つショーケースを置いたりすることで、他のブースとの違いを出すことです。出展している会社は各社共に工夫を重ねて出展しますし、それぞれの会社の出展内容によって一概に何がいいとは言い切れませんが、遠くからでも目立つ物を置くことは歩く人を止めるためには効果的な方法です。

そして3つめはブースを明るくすることです。これは物理的にライトの数を増やして明るくすることです。やはり人は明るいところに集まります。ある程度の節度は必要ですが、可能な限り明るくすることで、人は集まってくるようです。

(2) 中に入りやすくするためのブース設計

ブースに近づき歩みが遅くなっている方に、ブースの内容を詳しく知って頂くためには、ブースの中に入ってもらう必要があります。

入りやすいブースは入り口付近に業界に詳しくない人にもわかりやすいサンプルなどを置いておい

て、奥には説明が必要なサンプルを置くというのがひとつの方法になります。まずは足を止めてもらわないと次のステップに進みませんから、そのためのレイアウトになります。

ちょっと抽象的すぎてわかりにくいかもしれませんが、デパートやショッピングセンターのお店をイメージしてみてください。お店の入り口付近には、ちょっと目立つ商品が置かれている場合が多いです。その商品が気になってお店の中に入った経験、ありますよね。それと同じ感じです。入り口で惹きつける物は何か？ ということは社内の皆さんで十分検討してみてください。

もうひとつのレイアウトとして、前面にサンプルをすべて並べて、対面で接客するというやり方もあります。この方法だとブース内への誘導と言うことを考える必要がなくなります。ブースの奥行きは一般的に3メートル程度ですが、初めてブースに立ち寄った人にとってはこの3メートルがとても遠くに感じます。そういう点からすると、対面での接客というのはブースの入り口ですべて見られるので、ブースレイアウトの選択肢のひとつとして考えに入れてみてください。

それから、これもよく言われることですが「人が人を呼ぶ」というのがあります。人だかりのする所には人が集まってきます。逆に閑散としているブースに人は入ってきません。最初の賑わいを作るのは難しいですが、私が今までにやった例を3つお伝えします。

1つは自らがお客様の振りをしてブースを眺めるというやり方です。誰かが見ているとやはり気になります。そうすると人が寄ってきます。嘘くさくやると来場者も気付いてしまいますので（笑）やる時は大げさにならずに、できるだけ自然にやってください。

2つめは私の会社でおみやげ物のパッケージを展示した時に「おみやげ物のパッケージ人気投票」と

いうのを企画しました。時間がありそうな方に「投票をお願いします」とスタッフが声掛けしてブース内へ誘導します。そうするとご協力頂ける方が投票用紙を片手に熱心に商品を見て頂けます。そうすると来場者のブースでの滞在時間が長くなり、結果的に誰かがブースにいるという状況を作り出すことができました。

３つめは「アンケートに答えて頂けたらノベルティ差し上げます」という企画です。ノベルティに釣られて入ってくる方は正直「冷やかし客」が多いのですが、冷やかし客がいることでブースの賑わいを作ることができました。賑わいだけを無駄に作っても仕方ないですが、賑わいができることで一定数の取引につながりそうなお客様も入ってきて頂けます。バランスは大切ですが、いいお客様だけを集めることの方が難しいので、こうしたやり方も一つの集客方法になります。

あなたの会社の展示内容にすぐに応用できないかもしれませんが、こういうやり方も参考にしてみてください。

(3) ブース制作のプロからのアドバイス

ここでプロにブースを頼むときにプロはどのように考えるのか、前出の展示会専門のプランナー、「オフィス　エス・ポート」の佐藤氏にブース設計のポイントを述べてもらいました。

動線

人の流れを想定してプランを考えねば、大変損をする時があります。プランを立てるタイミングにもよりますが、基本情報がないままにプランを考えると、コマの場所が判明してから変更が発生します。出来ればコマ位置がわかってからブース設計に取り組んだ方が、ムダな作業にならないと思います。小間の位置がわかっても、どちらの方向や入口から来場者が多いか判断がつかないときは、主催者に問い合わせるなり、プロにアドバイスを求めるとよいでしょう。

来場者の目線

自社の商品を良く見せたいばかりに、肝心な来場者目線が欠如しがちです。来場者に遠くからでもわかるようなサインの位置や、小さなコマの場合どうすれば目に留まるか、知恵を出し合いましょう。担当者の立ち位置やブースの配色や演出方法など、疑問点を出して「お客様の目線」で何をどうすると良いか打合せを行いましょう。他の展示会にも足を運んで参考になるような事例はないか情報収集を行う事も大切です。

来場者の目線は思ったよりも高いところを見ていることが多いです。低い場所よりも高い場所に重点を置いてデザインや配置をしてください。

レイアウトのパターン　1コマ・2コマ・3コマ・4コマの場合コマの大きさは予算との兼ね合いもありますので、ケースによっては違いも出ます。

1コマは、基本形なのでテーマを絞った展示方法が良いと思います。

2コマからは、間口も広がりますので、商品陳列以外に商談を設けたりストックスペースも作れるとおもいます。何をどう展示し見せたいか、ボリューム感を考えながらレイアウトを考えます。

2コマは1コマと比べると2.5倍ぐらいの広さに感じるほど使い勝手が広がります。大きい展示物があるのであれば2コマも検討の価値もあります。しかし初めての出展の場合はスペースを無駄に使ってしまったり、情報が拡散してしまう可能性があるので、1コマでの出展をオススメします。

(4) 質問をしやすくするためのブース設計

「質問しやすくするためのブース設計」、ちょっとわかりにくいかもしれません。営業を進めていく上で、「質問される」ということはとても重要なポイントです。こちらから説明するのではなく、関心や興味があるからこそ「質問」が生まれます。そういう意味で質問しやすい状況や質問したくなる仕掛けというのは、営業のシーンだけでなく展示会でも大切になってきます。

ではどういう状況だと質問したくなるでしょうか？ ひとつにはパネルなどにすべての情報を書かない、ということです。どういう意味かというと、新しい製品を展示会で展示した場合に製品の特徴をわかりやすく表現することに力を入れて、最低限の情報しかパネルには書かないでおきます。どこまでを最低限とするかは各社の判断ですが、できるだけザックリと説明を削ります。

そうするとどういう状況が起きると思いますか？

見た人は展示品とパネルだけでは何のことかよくわかりません。仕方なくブースのスタッフに「これってどういうことですか？」と聞いてきます。これが「質問が生まれる」という状態です。あまりにもわかりにくいと関心を持たれずにブースを離れて行ってしまう可能性もあるので、このさじ加減がとても難しいですが、一度社内の皆さんで考えてみてください。またチラシの内容も同様に最低限の情報にすることも合わせて検討してみてください。

　では最初の質問をしやすくするためのブース設計の話しに戻します。この章の最初に書きましたが、まずは関心を高めて来場者の足を止めるのが最初のステップ、次にブースに入ってもらい展示品を見てもらうのが次のステップになります。ここまでの来場者の気持ちとしては、「何か面白そうだけどよくわからない」という感じです。このタイミングで詳しく書いてあるチラシやパンフレットが近くにあるとお客様の手にとってもらえます。チラシやパンフレットに製品の説明が書いてあっても、サッと読んだだけではなかなか詳しい内容がわかりません。そこで質問が生まれる可能性が高まります。

　こうした来場者の気持ちの移り変わりを考えると、チラシやパンフレットはブースの手前に置くよりも奥の方に置いておいた方が質問が生まれる可能性が高まります。

　もうひとつ質問を増やすためにオススメしたいのが展示品のポップ（簡単な説明を記した小さな看板）です。展示品を並べておいているだけのブースをよく見かけます。私からすれば出展者が「見ればわかるでしょ」と言っているように感じてしまいます。初めて見る人にとってはそれが何なのかわからないのが一般的です。わからないモノを見ているだけでは理解も深まりませんし、質問も起きません。展示品ひとつひとつに簡単なポップを付けて少しだけ説明を付けておくことで、見る人に「もっと知りたい」という感情がわき起こってきます。展示品の準備と共にポップの準備も忘れないようにしてくださいね。

Ⅱ　事前準備と役割分担

(1)　ブースメンバーの役割分担と立ち位置

「展示会に何人で行くのがいいのでしょうか？」と聞かれることがあります。皆さんは何人で出展しますか？

この答えも難しいですが、人数が許すのであれば1ブースに3人いた方が安心です。理由はトイレや昼食の休憩、出展中の電話対応、展示会の情報収集などを考えると、ブースには常に最低2人いることが好ましいです。3人いると余裕を持って2人がブースにいられる状態になります。3人の役割分担としては営業的にしっかり接客や説明ができる人が2人と、サポート役が1人いればいいと思います。

会社として初めての出展であれば、できたら社長または営業の最高責任者の方はブースに立たれることをお勧めします。社長であれば感じ方が社員の方と数倍違うでしょうから、感じたことを踏まえて次回の予算のかけ方を変えることもできます。時間的に11時から15時までの4時間でも充分です。お客様の流れや動き、お客様の求めているものを感じることで今後の事業にも必ず活かすことができます。私の友人の上場企業の社長も必ずブースに立つと言っています。その理由は「ブースを離れていく理由を知りたいから」だそうです。反応のいいお客様や見込みのありそうなお客様のことは営業の方も報告したくなるので必ず報告してくれますし、その後のフォローなどで動きも掴めます。ただブースに立つとわかりますが、何となく興味を持って入ってきても、チラシを手にした瞬間に興味がなくなり帰って行ったり、説明を聞き始めるやいなや退屈そうな顔になったり、そそくさと帰る方がいます。そういう場面を冷静に確認して、次回の改善につなげているそうです。この本を読んでいる方が現場の担当者であれば、この部分にマーカーをしてぜひ責任者の方に見せてあげてくださいね。

立ち位置に関しては入り口付近の両方の壁に一人ずつ、奥に一人というのが一般的な定位置になります。同じ場所に立ち続けると余計に疲れるので、適当にローテーションで立ち位置を変えるといいと思います。まずはこれを基本として展示物の位置や展示パネルの位置などで現場で調整してみてください。

それから、これは以前洋服の店舗で働いていた人に聞いた話しですが、お店が暇な時にお店の奥でのんびりしていると誰もお客様が入ってこないけど、一生懸命に洋服をたたみ直していると「不思議とお客様がお店に入ってきてくれる」と話してくれました。まるで迷信のような話しですが、私はこう捉えています。外から見ているとスタッフが洋服をたたみ直しているのか、来店客が試着してたたみ直しているかはわからないです。誰かがその場所にいて人の気配があり、場のエネルギーが高まることで活気が出て人を惹きつけるのだと思います。立ちっぱなしだけでも疲れますし、接客に慣れていない人にとってはとても苦痛が伴うと思いますが、大切な新しいお客様との出会いの場と考えて、出展期間中はがんばってくださいね。

(2) ブースの配置の練習

初めて出展される企業に特にお勧めするのが、ブース配置の練習です。通常の展示会ブースは３m×３mが一般的です。このスペースをどう有効活用するかが展示会の正否に大きく関わります。初めての出展だとこのスペースのイメージがつきません。ですから、３m×３mのブースと同じスペースを作

【展示ブース練習の様子】

【ブースの配置の練習】

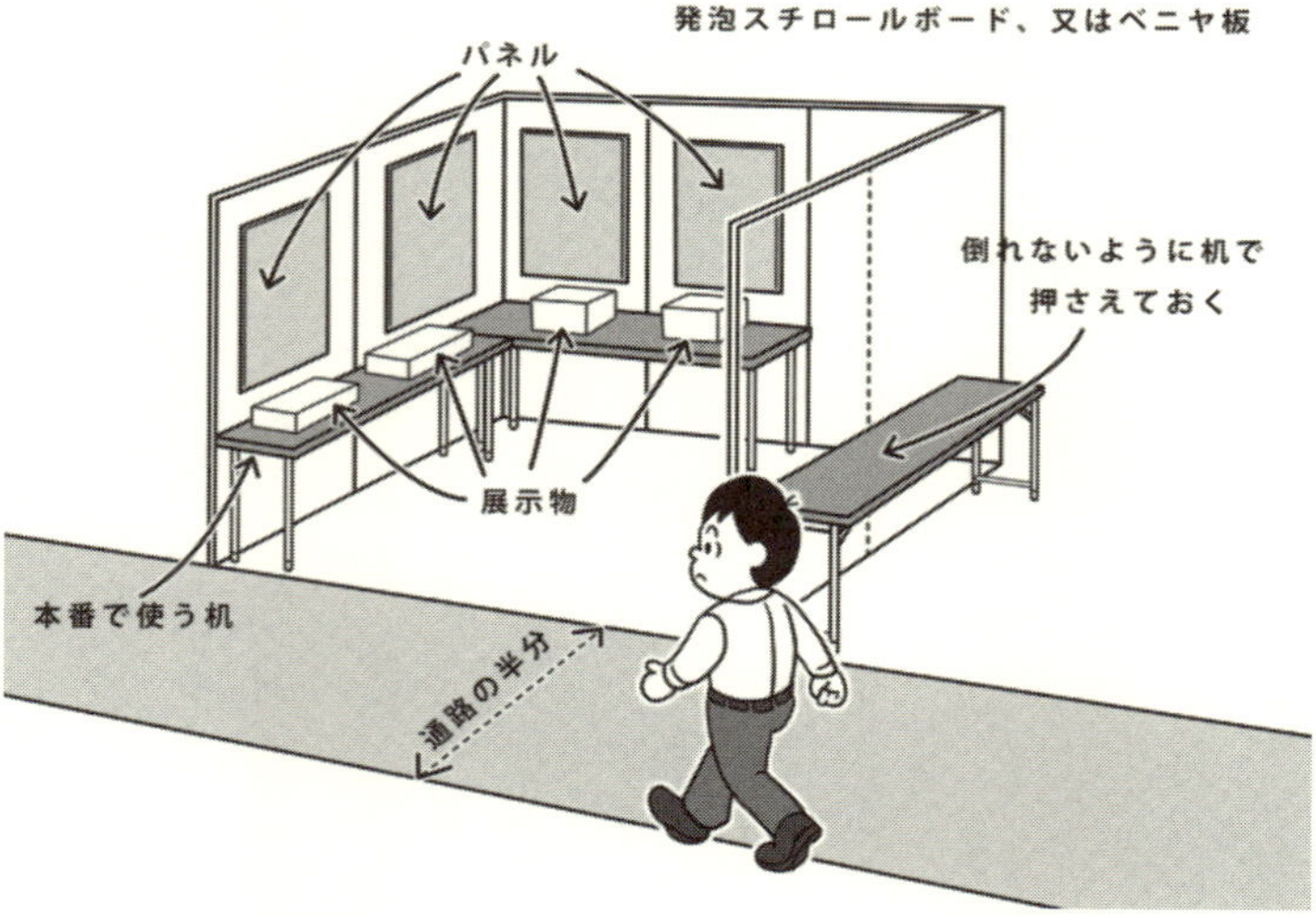

り、そこに一度展示するものを配置してみます。

そして、実際にそのブースの前を歩いて入りやすいかどうかやパネルが読みやすいかなどをチェックします。来場者が歩くところは入り口から約１m離れたところ、奥の壁から４m離れたところを歩きます。そうするとパネルの字がどのぐらい大きくないと読めないかがわかると思います。

大きい会社ならともかく、事務所が小さいところだとこれだけのスペースを取ることができないかもしれませんが、近くの貸し会議室などを借りてでも一度やってみる価値はあります。私も今でこそ配置図を書いて並べるものをイメージできるようになりましたが、最初の頃は物が多すぎてわかりにくかったり、導線が悪かったりと散々でした。パネルの文字が小さいブースを見ると、一度客観的にブースを見るといいのになぁ、と思ってしまいます。ぜひ出展する前に試してみてください。

(3) ブースに用意する持ち物の確認

いよいよパネルや展示品などの準備ができたら最後に持ち物の確認です。現場であるといいなと思う物をまとめました。参考にして前日の準備リストに加えてください。

○はさみ　○カッター　○カッターマット（段ボールでも代用可能）
○養生テープ　○両面テープ　○糊
○ボンド　○太ペン（各色）　○細ペン（各色）
○厚紙（Ａ３・Ａ４）　○三脚　○ドライバー（プラス・マイナス）

○延長ケーブル　○コンセントの分岐用タップ　○テーブルクロス（できれば白以外）
○クリップ（大・小）　○安全ピン　○スマホ充電ケーブル

思ったよりも使うのが厚紙とペンです。ブースを配置して接客してみると同じような質問を繰り返しされる場合があります。そういうときに、わかりやすいポップを手書きで作ったり、あるいは集客が悪いときに手書きのポップを加えたりします。事務所で仕事をしているときなら、すぐ横にあるコピー機から白い紙をサッと抜き出して書くこともできますが、展示会場の場合、ちょっとした売店などもない場合がほとんどです。使うか使わないか迷う場合には必ず持っていくようにしてください。

Ⅲ　ブースでのＮＧ集

新入社員で入社すると会社では「社会人としてのＮＧ」を徹底的に教えられます。学生時代ならＯＫでも社会人ではＮＧということはたくさんあります。このように、「郷に入れば郷に従え」の言葉の通り、展示会となると展示会独自の「やってはいけないＮＧ行動」があります。知らない方もいらっしゃると思うので、簡単に紹介します。

(1) ブースで座ってお客様を待つ

展示会の基本パックというのに、イスと机と貴名入れ（名刺受けケース）がセットになったものがあります。あのパックにイスが付いてくるというのが私にはよくわかりません（笑）。

私はブース内でイスに座ることはお勧めしません。先ほどライトを増やして明るくすることで人が集まる、と書きましたが、明るくすることでブースからエネルギーが出ている感じになります。その逆でブース内でイスに座っているとブース全体のエネルギー量が下がって見えます。元気がなく覇気がないブースには、何となくいいモノがなさそうな感じがして敬遠されがちです。また、お客様との目の高さも違うので、会話が成立しにくくなります。

普段立ち仕事をしていない人が一日中立っていることはとても大変ですが、交代するタイミングを決めて、ブースの外でゆっくり休んででもブース内では全員が立っていてください。

(2) ブースの真ん前に立つ

ブースの真ん中にスタッフが立っているブースはとても入りづらいです。私からすれば「門番」のようにブースに入らせないために立っているのか、と思ってしまいます。ましてや仁王立ちに立っていたり、腕組みをして立っていると初めての人はなかなか勇気を持って入れなくなります。

また真正面の中央に机を置くことも「謝絶」と捉えられやすいです。その上に展示品が置かれているのであれば別ですが、商談席のような感じで置かれているブースもあります。奥に何も見せるものがないのであれば仕方ないですが、奥に入ってもらうためには間口を広くする必要があります。研究機関や大学、行政関係のブースですとこういうレイアウトが多いですが、展示会はたくさんの方に知ってもらうことが一番の目的ですから、展示品やパネルを工夫してもっとたくさんの人が中に入ってもらえるようにした方がいいですね。

(3) ブースの前でパンフレットや会社案内を配る

ブースの入り口付近でチラシなどを配布しているブースは入りにくいブースです。以前ブースの前でチラシを配布しているブースがあったので観察していたら、チラシを配る人を避けるように歩いている人が多く見られました。配布の仕方が悪かったのかもしれませんが、私には来場者を追い払っている行為にしか見えませんでした。

不特定多数の方にチラシを配っても展示会の効果は上がりません。ましてやブースに入ってきてもらえなかったら意味がありません。来場者の気を引くためにはどうしたらいいのかもっと考えた方がいいですね。

(4) ブースに入ってすぐに名刺交換を求める

名刺交換をたくさんしたいという気持ちはわかります。ただ、何となく情報を知りたくて冷やかし程度に見に入っただけで、いきなり名刺交換からスタートというのは興ざめしてしまいます。洋服屋さんに入って、何となくいいのがないのか見ていたら、いきなり服を押しつけて試着室に入れられるような行為です。

この章の後半でも書きますが、スムーズな流れで名刺交換をすることが、好印象でブースを離れて頂くポイントになります。タイミングを見計らって名刺交換するようにしてくださいね。

Ⅳ　トークの準備とロールプレイング

展示会が近づき、パネルや展示物の準備ができあがったら、いよいよ本番に向けての練習です。準備や練習の質が本番に大きな影響を与えます。徹底的に準備をしていきましょうね！

(1)　説明トークの練習

展示会の開催期間中でも来場者が少ない時間帯があると、勉強のために近くのブースを見させてもらいます。その時に「今回の出展内容を一言で言うとどういう内容ですか？」と言う問いに答えられない方が非常に多いです。

資料づくりでもよくありますが、「最初にわかりやすいタイトル、その次に100文字程度の説明、その後図などを入れて1000文字程度の説明にまとめなさい」と書かれたシートがあります。これと同じように説明トークも一言でまとめた言葉、1分程度でまとめた説明、そして5分程度詳しく説明する内容と3つ準備する必要があります。これをブースに立つ人皆さんで共有しておく必要があります。5分の説明は出展内容に詳しい担当者や上長が説明すればいいかもしれませんが、応援に来る他部署の人でも1分トークはしっかりと共有しておきたいです。

具体的なトーク内容は以下を参考にしてください。

お客様「このブースはどういう出展内容ですか？」

担当者「弊社は金属の表面加工が得意な会社で、わかりやすくいうとヘアライン加工やウロコ模様などを金属に施しています」
お客様「この技術はどのようなところに使われますか？」
担当者「主に商品に高級感を持たせる場合に使います。見本を見て頂くとわかるように表面に加工を施すことで、平面的な金属に立体感や奥行きを表現することができます。そうすることで、他社製品とのデザイン的な差別化を計ることができます。加工の種類は無限にできるので、御社オリジナルの模様も可能ですし、金属の種類も選びません。今までとはひと味違った製品作りをお考えの方に選ばれます」
お客様「もう少し、具体的な話しを聞かせてください」
担当者「わかりました。今、詳しい者を呼びますので、しばらくお待ちください」

こんな感じです。

最初の一言目で「自分には関係ない」と思う方もいらっしゃいます。そういう方にはここで帰っていただいた方がお互いの時間の無駄になりません。「何か面白そうだな」と思い、質問をされた方に少し詳しい説明をします。ここでさらに興味がありそうな方には、詳しい担当者が具体的な事例を交えてお話しします。

こうすることで、ある程度の接客の流れができます。

これを現場に行ってから朝のミーティングで「何を話そうか？」とやっているようではうまくいきま

せん。予めどんなことを話すのかを決めて、それをスムーズに話す練習までしておいてください。

(2) 質問を引き出すためのトークの練習

前述したように「質問」というのはコミュニケーションにおいても、営業においてもとても重要になります。説明だけではお客様は一方的に言われただけで、実はあまり内容が入ってきていません。質問が出ると言うことは、ある程度内容が理解できているからこそできることになります。ではどうすれば質問が生まれるか、これは非常に難しいことですが、まずは会話をスタートすることに集中してみてください。「今日はどちらの方面からお越しですか?」「御社はどんな業種ですか?」「御社はどんなご商売をされていますか?」相手の方が回答に窮しないような簡単な質問からスタートします。相手の方が簡単に事業内容をお話し頂けたら、「そうするとこんなことにお困りではないですか?」という投げかけが有効になります。困っていることが当たれば「そうなんだよ、実はね」と相手の方が困ったことを話し始めてくれます。仮に外れた場合はどうなるか、相手の方は「いや、それは困っていないんだけど、こういうことに困っていてね」と別の困りごとを話してくれます。ここまで来たらもう大丈夫です。いろいろな質問が相手から出てきます。

実はこの困りごとを聞き出すことが一番大切な仕事になります。皆さんはその道のプロですから、困りごとを聞けば、ある程度の解決策を提示することができます。それが仕事のきっかけにつながります。この困りごとを聞き出すことに集中してくださいね。

ひとつ注意したいのは、「お話好きの方」です。全く仕事とは関係ないことを延々と話し始めたり、自社とは関係ないことを話す方もいます。限られた人数で接客していると、こうした方に時間を取られすぎてしまうと必要な方に接客できなくなってしまいます。話に区切りをつけて頂くためにスタッフ同士で合図を決めて、別のスタッフから携帯電話に電話をかけてもらいます。お一人の来場者の接客時間の目安を5分として、10分以上お話しが続いているようでしたら会話を切ってもらうようにすることも大切になります。

ちなみに、接客時間の目安を5分とするのは、10時から17時までの7時間の展示会の場合、5分で接客して名刺交換をしたとすると、単純計算で一人のスタッフで84枚の名刺交換をすることになります。でも、この数字は現実的でありません。ブースに人がいない時間も多いですし、来た人すべてと名刺交換できるわけではありません。人が多い時にはできるだけたくさんの方とお話しをして名刺交換をした方が、名刺をたくさんいただくことができます。展示会は限られた時間ですから、ある程度の効率も視野に入れながら接客することが必要です。

(3) 名刺交換の流れとロープレ

展示会の目に見える成果の一つとして名刺交換はとても重要です。最近は展示会後のアプローチが面倒だと言うこともあり、名刺を出さない方も増えてきました。相手の方に気持ちよく名刺を出して頂くにはどうしたらいいのかを予め考えて、それを練習しておくことがとても重要です。

スムーズな名刺交換のひとつの方法として「返報性の原理」というのがあります。これは人は他人から施しを受けるとそれに対して何かを返そうという心理が働くという原理です。こちらが先に「何かを差し上げる」ことで、相手の方が「何かを返さなければ」という心理になるので、その時に「お名刺頂けますか?」と言うと名刺を頂きやすくなると言う考え方です。差し上げる物は特別なノベルティなどである必要はありません。自社のパンフレットやチラシでも構いません。何かを差し上げたタイミングで名刺交換を切り出すことでスムーズな名刺交換につながる可能性が高まります。

このやり方に限りませんが、名刺交換は慣れれば難しくないことですが、切り出すタイミングや話し方、動作など一連の流れを練習しておくと精度が上がります。素晴らしい結果を残すスポーツ選手は必ず練習を繰り返して本番を迎えます。出展経験がある方はもちろんですが、初めて出展する方は特に練習が必要だと思います。

V 展示会の一日の流れ

展示会の一日の流れをまとめます。初めて出展される方は参考にしてください。

(1) 朝の集合時間

朝の集合時間ですが、最低でも開場時間の30分前には集合するようにします。その理由は2つあります。夜、貼ってあった展示パネルなどが落ちていたりずれていたりすることがあります。それを補修するための時間が必要になります。

もうひとつは、想像以上に朝の展示会場は混み合います。展示会場は広いので、駅を降りてからの距離が思った以上にある場合があります。また、車で来る場合に来場者も会場に向かってくるので、会場付近が大渋滞になります。そうすると思った以上の時間がかかってしまい、開場した時にブースに着いていないという大失態になりかねません。

できれば45分前に集合して、落ち着いた気持ちで朝のスタートを切りたいですね。

(2) 朝礼

今日の目標の確認、トークの確認、前日の振り返りなどブースのスタッフで共有します。また一日の流れやその日のスタッフの役割分担、休憩のタイミングなどもここで確認しておきます。

(3) 午前の部

10時から始まる展示会が多いので、それを前提にすると、午前中のピーク11時から11時半ぐらいになります。この時間帯は休憩を入れないようにして、全員がブースにいるようにしてください。

(4) 昼食

12時から13時までは来場者の方も昼食を食べに行くので、展示会場内の来場者は少し少なくなります。昼食の休憩は11時30分から12時30分の人、12時30分から13時30分の人と2班に分けておくといいです。ブースに全く人がいないという状況は作らないでください。

(5) 午後の部

午後は目的のブースを見終わり、ゆっくりしたペースで見て回る方が増えてきます。また、昼食を食べてから来場する方も多いので、14時から16時が来場者が多い時間帯になります。この時間帯はできるだけトイレ休憩程度の短い休憩にして、スタッフ全員で接客に当たります。

展示会終了1時間前になると来場者がグッと減ってきますので、そうなったら交代で長めの休憩を取りながら、他のブースの見学に行って、展示ブースの作り方や情報収集の時間にします。この情報収集がとても大切な時間になります。単なるノベルティ集めや遊びの時間にならないようにしましょうね！

(6) 終礼

一日の振り返りをします。目標に対しての結果の確認や不明点の確認、翌日への引き継ぎ事項などを話します。また、展示ブース内の配置換えやお客様の動線やトークについて、翌日以降変更が必要なことがないか、あるいは足らない備品や展示品などを会社から持ってくる場合には、その内容に関しても確認しておきます。

疲れがピークになっていると思いますが、しっかりと共有の時間にします。

Ⅵ まとめ

展示会の営業は水物です。「ブースの位置が悪く人通りが少なかったからダメだった」とか「展示会の来場者が少なかった」ということも必ずあります。ブースの位置は主催者が割り振るので、何とも仕方がないことですし、来場者に関しても雨が続いたり、主催者に集客力がないと割と閑散とした展示会になる場合があります。

そんな時の対処法として、展示会の出展者に営業する、と言う方法もあります。同じ展示会の出展者であれば、割と話を聞いていただけます。また、来場者が少なければ皆さん暇をしていますから、営業に行ってもイヤな顔をされません。ぜひそういうことも視野に入れて出展の準備を進めてください。

コラム

新規開拓工業の場合

新規開拓工業は毎年展示会に出展していますが、食堂の机を寄せてスペースを作り、毎回ブースのレイアウトを事前に行っています。来場者からのブースの見え方や展示品の見え方、パネルの位置などのチェックを一通り終えると、次は説明の練習です。今回の新商品の特徴を改めて確認すると同時に、お客様からの質問に対しての想定問答をみんなで考えます。事前にミーティングの場でも行っていますが、やはりブースに立つとよりリアリティが湧くので、会議室で決めた内容よりもよりいいモノ

【練習の図】

に仕上がります。

そして最後は名刺交換のロープレです。異動などで初めて参加するスタッフもいるので、その練習も兼ねて全員でロープレを実施します。自分がお客さんの立場になってみると、今まで気付かなかったことも気付くことができるようになります。

展示会前日には持っていく物の備品リストを見ながら準備を進めます。毎回展示会後の振り返りであればよかった備品を書き残しているので、最近では会場で「しまった！」ということはほとんどなくなりました。


ここで改めて手順4の流れを振り返ると次のようになります。

手順4のまとめ

Ⅰ　ブース設計のポイント
周りを歩く人の足を止め、中に入りやすいブースを設計
ブース内ではお客様から質問が出るように工夫

Ⅱ　事前準備と役割分担
メンバーには役割を決め、活気あるブースにする
慣れない場合は、事前に配置を練習

Ⅲ　ブースでのＮＧ集

スタッフにＮＧ行動を周知しておく

Ⅳ　トークの準備とロールプレイング

説明トークは事前に作成し、ロープレで練習

質問や名刺交換もロープレで練習

Ⅴ　展示会の一日の流れ

事前に一日の流れを理解しておくと当日はスムーズにできる

第8章 〈手順5〉展示会後のフォロー

鎌倉庄司

手順5の全体像

手順5は、展示会終了後、お客様情報の整理から礼状の発送、有望なお客様へのアプローチとクロージング、そして、その他のお客様へのフォロー営業についてです。

Ⅰ節

フォロー営業の考え方
フォロー営業の特徴とその効果

フォロー営業の長所
- 成約件数が増加
- 費用対効果が上がる
- しないと優位性が失われる
- こちらから連絡しますと言われた場合の対応

Ⅱ節

フォロー営業の4つのポイント
フォロー営業を行うときの注意点

(1) アプローチ方法を使い分ける
(2) 長期で繰り返しアプローチするメリット
(3) 伝えるのは導入事例や不安の解消
(4) 継続的な情報提供で忘れられない存在に

Ⅲ節

展示会後のフォロー営業の手順
フォロー営業開始からクロージングまでの手順

名刺の分類とデータベース化
お礼状
今すぐ客への対応
フォロー営業
● 定期情報発信やイベントの案内
● クロージング
● 効果測定

Ⅳ節

弊社の事例

コラム

矢瑠鹿内君の失敗 フォローしないで失敗

初めての展示会出展が終わった腕達工業の矢瑠鹿内君。展示会の準備も展示会出展もとにかく初めて続きのことで、クタクタです。展示会前の準備段階は通常業務もほっぽり出してかかりっきりで取り組んでいましたし、展示会中も最低限の電話対応はしていましたが、いろいろと問い合わせも頂いています。

展示会の片づけもそこそこに、遅れている通常業務に取りかかり始めました。そこに腕達社長から内線電話がかかってきました。

腕達社長「矢瑠鹿内君、展示会の時に名刺交換した名刺を持って社長室へ来てくれ」

社長からの呼び出しであれば、行かざるを得ません。矢瑠鹿内君は渋々名刺入れを持って社長室へ行きました。

腕達社長「15枚？　これだけしかないのか！　お金も使ったのに残念な結果だな！」

それは矢瑠鹿内君も同じ気持ちです。

矢瑠鹿内「こちらの9枚は何となく話しをして名刺交換した名刺です。この6枚は相手からの売り込みの名刺です」

腕達社長「どれどれ。おっ！　これは上場企業の△△工業の方の名刺じゃないか！　スゴイじゃないか！　こっちは□□産業！　ここは前から取引できたらいいなと思っていた会社だな！　矢瑠鹿内君、でかしたな！」

矢瑠鹿内「はあ、でもどちらの企業もちょっと見ただけでブースを離れて行っちゃいました。ボクが慌てて名刺交換をお願いしたら名刺を頂けただけでして・・・」

腕達社長「それにしても、ブースを見て名刺を頂けたってことは脈あり！　ってことだ。これはさっそくアポを取って訪問してないと！　矢瑠鹿内君、すぐに電話をしてくれ」

矢瑠鹿内「でも、社長。この展示会出展でボクの業務が滞っていて、いろいろな部署からクレームが来ているんです。通常業務を優先していいですか？」

腕達社長「何を言っているんだ！　この機会に取引先を増やさないと我が社の未来はない！　この2社以外もアポを取って訪問するようにしてくれ！」

「わかりました」と矢瑠鹿内君は歯切れの悪い返事をして社長室を後にしました。

自席に戻りアポの電話をかけましたが、ほとんど担当の方に電話がつながりません。何となく営業の電話とわかっていて、居留守を使われているようです。ようやく1社だけ電話を取り次いでもらい、直接お話ししましたが、相手の方は社名を告げても何のことだかわかっていないようです。展示会でブースに来たことすら覚えていなかったようです。

何とか話しをして、アポを取らせてもらいましたが、名刺の住所を見るとなんと会社から3時間もかかる場所でした！

矢瑠鹿内君は翌週手みやげとサンプルを持ってその会社に伺いました。商談席に通されるのかと思いきやカウンター越しで「要件は何でしたか？」と聞かれて、手みやげと会社案内を手渡すだけが精一杯でした。

結局この日は往復6時間かけて行っても何の進展もなく終わってしまいました。

それから2週間後、社長に呼び出されて報告しました。

矢瑠鹿内「どこの企業もなかなかアポは取れないです。明らかに避けられているようです。また訪問できた企業でもほとんど話ができませんでした」

腕達社長も腕組みをしながら聞くしかありません。

腕達社長「やっぱりウチの会社じゃ展示会営業はうまくいかないのかな?」

【名刺交換したお客様を訪問】

I フォロー営業の考え方

展示会営業というのは本当に労力がかかります。第7章にもあるようにさまざまな準備が必要になります。この準備も仕事の合間にやらなければならないので、その時間を作るのも大変です。展示会出展中はブースでの接客の時だけでなく、会場内の周りにも気を配らなければならないので、落ち着ける時間もありません。出展中にも通常業務で会社やお客様から電話が入ると、展示会が終わった夜にも業務をしなければならないこともあります。展示会が終わって展示会の荷物の片づけが終わった瞬間にしわ寄せが来ている仕事に取りかからなければならない、というのが一般的です。また、展示会で出会った方からサンプルや見積がほしいと言われると、さらに仕事量が増えて負担が増えます。

ただ、展示会が終わったここからが本格的な展示会営業のスタートです。展示会営業はトライアスロンのようなものだと考えるとわかりやすいかもしれません。展示会の準備、展示会のブース運営、そしてフォロー営業。この3つの別々の営業をひとつの種目として参加する、みたいな感じです。3つの種目を同時に行うとなれば、全体のペース配分も変わってきます。前半飛ばしすぎて、後半に力がなくなってしまってはゴールできません。しっかりとゴールを見据えてひとつひとつのことを確実に取り組んでいくことで目指すゴールに近づいていきます。特にフォロー営業は息の長い活動になります。展示会前からしっかりと準備しておくことが展示会営業の成果につながります。

それでは、展示会のフォロー営業について詳しく見ていきましょう。

(1) フォロー営業の長所1

継続フォローをすることで成約件数が増加する

展示会の会期中、あるいは終わった直後に出展者の方に「展示会はどうでしたか?」と尋ねると「今回はいいお客さんに会えなかった」とか「いいお客様に会えて仕事の話しが進みそうだ」と言う方がい

【お客様の分類】

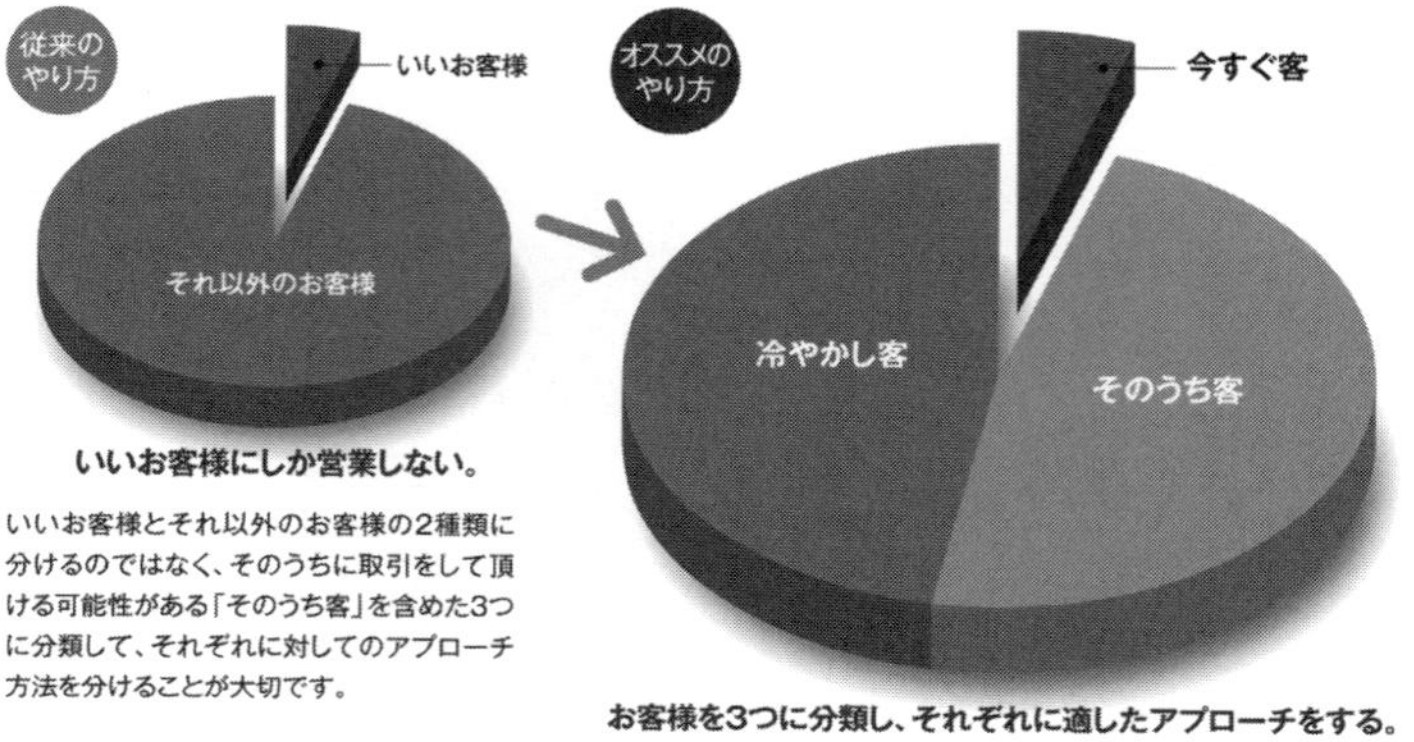

いいお客様にしか営業しない。
いいお客様とそれ以外のお客様の2種類に分けるのではなく、そのうちに取引をして頂ける可能性がある「そのうち客」を含めた3つに分類して、それぞれに対してのアプローチ方法を分けることが大切です。

お客様を3つに分類し、それぞれに適したアプローチをする。

らっしゃいます。展示会で出会うお客様を2つに分けるとすれば、「いいお客様」と「それ以外のお客様」ということになります。ここでいう「いいお客様」とは展示会中に見積依頼を頂いたり、サンプル請求されたり、初回の発注を希望されるお客様とします。「いいお客様」は需要が顕在化しているので、すぐに取引がスタートする場合が多いです。しかし、展示会でこうした「いいお客様」に出会える確率は非常に低いです。「いいお客様」以外のお客様に対して継続したフォロー営業をすることで最終的に成約件数が増加します。展示会営業の結果は展示会直後に出るのではなく、展示会が終わって半年後、1年後と考えて、その時の成約件数で費用対効果を見るのが一般的です。

(2) フォロー営業の長所2
継続フォローすることで費用対効果が上がる

展示会の出展費用は中小企業にとって少ない金額ではありません。ブースの出展費用、出展のための装飾に加えて、それにかかる人件費まで含めると膨大な額になります。お金のかけ方

【フォロー営業の費用対効果】

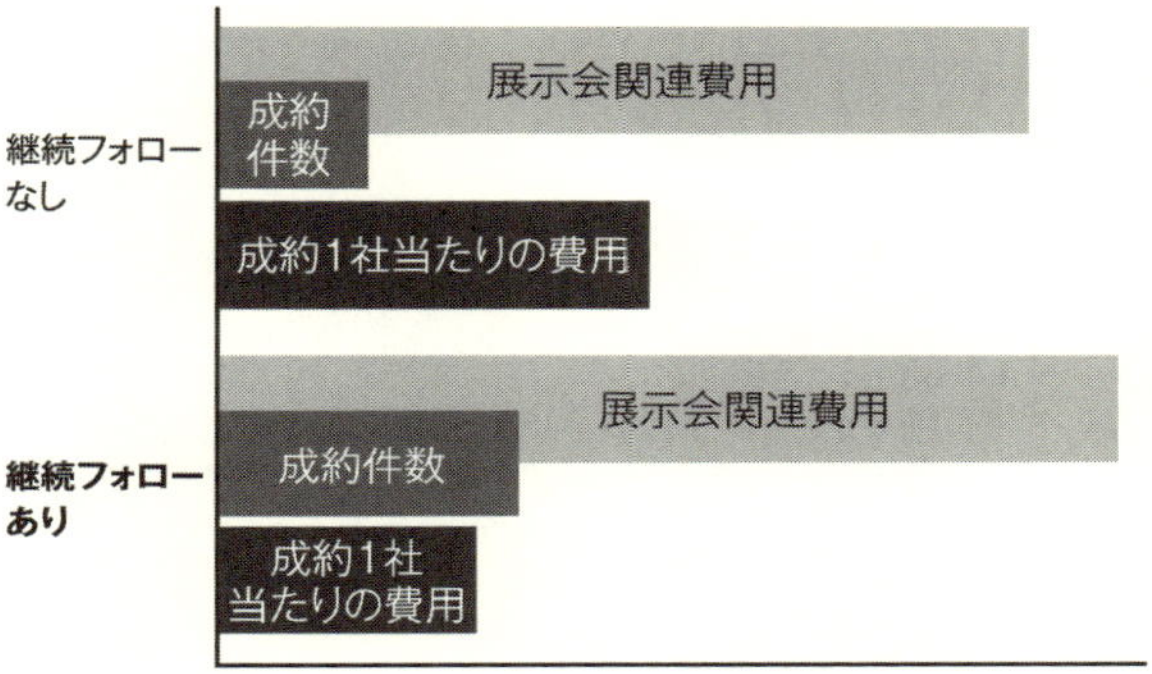

にもよりますが、１コマでも出展するのに30万円から２００万円ほどかかります。これに継続フォローの取り組みをするとなると費用はどんどんと増えていきます。そのため継続フォローの必要性をお話ししても、「経費がかかるから」と言って取り組まない方が非常に多いです。

でも最終的な費用対効果で考えれば、分母である成約件数が増えれば、ある程度費用がかかっても１社当たりの成約の費用は下がってきます。仮に１００万円の出展費用で１社と取引スタートしたとすると、１社当たりの受注にかかる費用は１００万円となります。フォロー営業に50万円使い、１５０万円の経費で３社取引スタートできれば１社当たりの受注にかかる費用は50万円になります。展示会の目的が新規取引先の増加であれば、長い目で見てある程度のお金と時間を使って継続フォローを続けていくことが大切になります。

(3)　フォロー営業の長所３
フォローしないと優位性が失われる

展示会出展で関心を持ってブースを訪れた方は、もしかしたら

【フォローしないとライバルが・・・・】

ライバル
フォローしないと展示会で
名刺交換した優位性を失う

あなたの会社が取り扱っている製品やサービスを初めて知る、ということもあります。他社にも同様な製品やサービスがある場合が多い中では、これはお客様との関係性で一歩リードした大きな「優位性」となります。

しかし、この優位性もフォローしなければすぐになくなってしまいます。今は必要な情報は当たり前のようにネットで検索します。ブースを訪れたお客様があなたの会社の社名や製品名を正確に覚えていてくれたり、名刺入れをひっくり返して名刺を探してくれればいいですが、展示会から時間が経ち、曖昧に製品やサービスの概要で検索してトップに出てきた会社の情報を見れば、そちらの会社に問い合わせをする可能性が出てきます。

莫大な費用をかけて作り上げた優位性や関係性も一瞬にしてなくなると考えれば、フォロー営業はとても重要な営業となります。

(4)「こちらから連絡します」に対する対応とは?

展示会終了後に名刺交換をした方にアポの電話をかけるのは一般的なことです。しかし、名刺を頂いた方全部に電話をかけるのはやりすぎです。またこちらが勝手に脈がありそうだと思い、しつこくアポを取ろうとして「今はいいです」とか「こちらから連絡します」と言われて、その後連絡が取りづらくなってしまう、という経験をした方も多いと思います。

電話の受け手、すなわち来場者のところには、あなたの会社以外の会社からもアプローチの電話が来ている可能性があります。あなた自身が忙しい時に複数の会社から「会ってほしい」と電話がかかってきたらどんな感じでしょうか?「今はいいです」とか「こちらから電話します」と言うのではないでしょうか?

ではこうした言葉を言われないためには、どのような対応をすればいいと思いますか?ひとつの解決策として「電話などで直接アプローチをしない」という方法があります。直接的にアプローチするから「今はいいです」とか「こちらから連絡します」と言われてしまいます。これを言われること自体は悪いことではないのですが、営業マンのモチベーションを下げるという点では大きな悪影響になります。

直接アプローチするかしないかの見極めは非常に難しいですが、営業マンのモチベーションを維持するためにも直接アプローチをしない、という選択肢も重要です。

Ⅱ フォロー営業の４つのポイント

(1) お客様の種類によりアプローチ方法を分ける

前述で名刺交換をした方を「いいお客様」と「それ以外のお客様」に分けるとしましたが、「それ以外のお客様」をもう少し分類すると「そのうち客」と「冷やかし客」とに分類することができます。

「そのうち客」とは読んで字のごとく、そのうちお客様になる可能性がある方のことです。「いいお客様」という言葉もわかりにくいので、「今すぐ客」と定義し直して、この3つのお客様に分類し直します。

「そのうち客」に関してこの後説明するフォローのやり方で長期にわたりアプローチを続けます。

「冷やかし客」は企業からの営業や売り込みであったり、ふらっと立ち寄っただけの方、そして割と多いのが同業者やライバル会社です。熱心に話を聞いてくれるので、脈ありか！ と喜んでいて最後の名刺交換で同業者とわかると、本当にがっかりします（笑）。

「今すぐ客」は割とわかりやすいですが、長期的にアプローチをする「そのうち客」と全く営業をしない「冷やかし客」との区分がわかりにくい、という質問をよくされます。これに関して明確なラインはありません。ほんの少しでも営業的につながる可能性がある場合には「そのうち客」に分類してアプローチすることをお勧めしています。

(2) 長期で繰り返しアプローチすることのメリット

「そのうち客」はどんな感じなのかをちょっと考えてみたいと思います。あなたが仮に新製品の開発担当だったとします。最新の技術を取り入れながらより良い製品を作るために展示会へ情報収集をしにきたとすると、面白そうなものを見つけてはブースのスタッフに話を聞くことになります。何となく自社製品に応用して使えるかもしれない面白いものが見つかったとしても、自分の目前の仕事が、1年後にリリースされる製品の最終調整段階であったとすると、今の製品には新しい技術を取り入れるタイミングではありません。この製品をリリースして次の製品作りに取りかかる1年以降には必要になるかもしれません。つまり「今は必要ない技術」となります。

こういう立場のあなたの所へ、頻繁に「お会いしたいです」と電話でアプローチされたらどんな気持ちがするでしょうか？　ちょっと面倒くさくなり「こちらから連絡するまで待ってください」と言うのではないでしょうか？「そのうち客」の中にはこういう方がたくさんいると考えた方が賢明です。

そういう方はどんなアプローチをしてほしいと思うでしょうか？　今は直接会って話を聞くよりも、後から読み直すことができるわかりやすい資料が欲しいと思うのではないでしょうか？

営業の根本は相手の求める方法でアプローチすることです。来て説明して欲しい時はすぐ来て欲しいですし、来て欲しくない時は来てもらうと迷惑になります。とは言っても、何かしらアプローチしなければ営業にはなりません。だからこそ情報提供が必要になります。

(3) 伝えるのは導入事例や不安の解消

情報提供が必要なことを理解した方からの次の質問は「じゃあどんな情報を提供すればいいのか？」ということになります。

これも自分がお客様の立場に立った時にどんな情報が欲しいかを考えると答えが見えてきます。例えばあなたが車を買い換えるためにディーラーに車を見に行ったとします。そこでカタログをもらってきているとすると、スペックなどはカタログに書いてありますから、排気量や燃費などだいたいのことはわかります。こういう状況で、「この車はいい車ですから」という情報ばかり繰り返し送って来られても購入にはなかなか踏み切れないと思います。

人は「得をする」ということよりも「損をする」ということを極端に嫌います。車の購入で言えば、この車を買って「損をした」ということにはなりたくないのです。ですから、「損はさせません」という情報を送ることになります。また新しいことに踏み切るのに対して常に不安を抱えています。特にビジネスシーンでは「失敗すること」をとても嫌います。

こういう状況を踏まえて考えると、お客様に送る情報は、今までの導入事例が中心となります。「弊社製品を導入されているお客様はすでにこんな風に活用してうまくいっています」ということをわかりやすく伝えます。そうすることで「導入しても損しない」とか「失敗しない」というのが伝わります。

(4) 継続的な情報提供で忘れられない存在に

人は一度覚えたことでもすぐに忘れてしまいます。一説には1時間後には56％、1日後には74％を忘れると言われています。私は名刺交換で話しが盛り上がり3日後ぐらいに電話しても、「どこでお会いしましたか？」と聞かれた経験が何度もあります。70％以上忘れるというのは、仮にある来場者が10社ブースに立ち寄ったとして、1ブースの話しの7割を忘れると言うよりも、7社のブースは立ち寄ったことすら忘れてしまうという感じです。

中小企業のブースはどうしても展示会のブースの一番の目的にはなりづらいです。そうすると忘れられる7割に入ると考えていて間違いがありません。だからこそ！　継続的な情報提供が必要になります。

Ⅲ　展示会後のフォロー営業の手順

それでは展示会後のフォロー営業の手順を具体的に説明します。

(1)　名刺の分類

前述しましたが、名刺を大きく3つに分けます。分けるのは「今すぐ客」「そのうち客」「冷やかし客」です。展示会が終わってからすぐに行動ができるようにするために、展示会で名刺交換をしたらその場で判定をすることをお勧めします。出展者側もたくさんの方と話しをするので、どんな方だったか、どんな話をしたのかすぐに忘れてしまうからです（笑）。同業者であっても話の流れで、自社製品の取次代理店をやってくれるという話になる場合もあります。社名ではわからなくなってしまいますので、できるだけその日にうちに分類が終わるようにしてください。

【展示会後の営業の流れ】

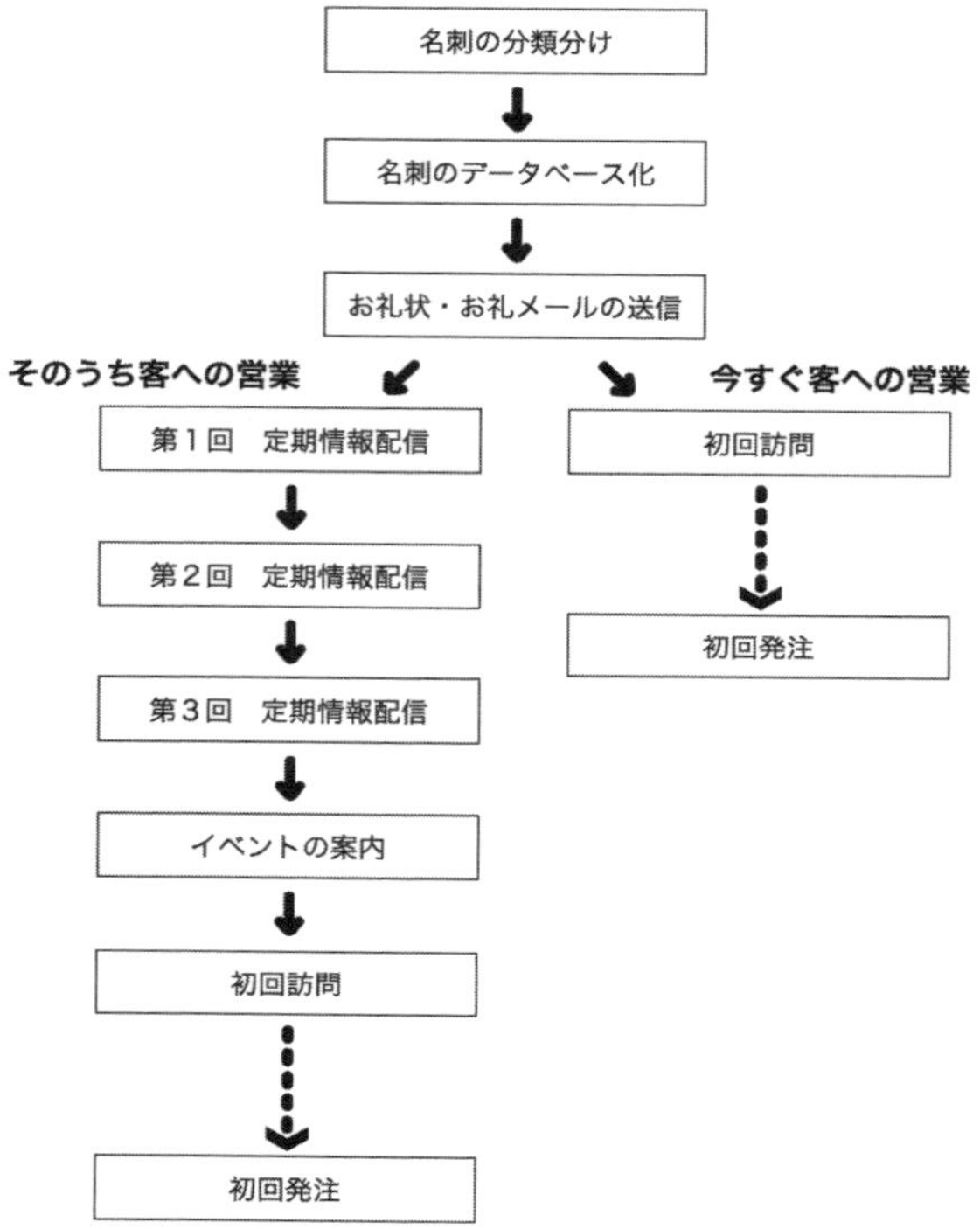

弊社では、名刺交換した後に名刺に色の付いたシールを貼ることにしています。今すぐ客は赤、そのうち客は黄色、冷やかし客は青、といった感じです。ブース接客で忙しい時間が続くとなかなか文字を書いたりするのも大変になります。シールならすぐに貼れます。こうすることで名刺交換したその日のうちに名刺の分類が完成します。

(2) データベース化

分類された名刺をデータベース化します。最近は名刺をデータベース化している企業も増えましたが、名刺をエクセルなどに入力して、データ化することで必要な時にすぐ使えるようになります。

名刺は個人で管理すると、そのスタッフが辞めてしまうと大切な情報が共有されないままになってしまいます。そういうことを防ぐためにも普段から常にデータベース化してデータを共有することをお勧めします。

弊社では展示会が複数日ある場合、展示会が終わったその日にシールで分類された名刺を社内にいる事務スタッフにすぐに入力してもらいます。入力作業は展示会出展者でなくてもできる作業なので分担します。こうすることで、展示会が終わった時にはデータが完成した状態になっています。

事務スタッフにも多少負担をかけることにはなりますが、展示会営業は会社全体で取り組むことですし、社内の情報共有や一体感を生むためにもお勧めです。

(3) お礼状

展示会が終わったらすぐにお礼状を出します。「展示会後のお礼状っているの？」「お礼状って効果あるの？」と言われる方が結構います。あなたはお礼状をどう思いますか？

私も正直お礼状の効果がどのぐらいあるのかはよくわからないですが、必要だと考えています。なぜか？　それは3つの理由からです。

1つは前述したように人はすぐに忘れてしまいます。展示会の翌日にもう忘れている可能性があります。記憶を定着してもらうために、展示会のことを思い出してもらうために、そしてあわよくばホームページを見てもらうためにもお礼状は役立つと考えます。

2つめは、私自身が展示会を見に行って名刺交換をしてもお礼状を頂くことがほとんどないからです。お礼状やお礼メールを頂く方は5％程度です。多くの企業はやっていません。ということは、お礼状を書くことで同じ展示会に出展している他社よりも少し抜きん出ることができると言うことです。この小さい差が後に大きな差になると私は考えますが、いかがでしょうか？

3つめは、せっかくお忙しいのにブースに寄って頂いた方にお礼を伝えることが単純に大切だと考えるからです。その方にとっての大切な時間を弊社の情報収集に使って頂いたのです。縁あって名刺交換した方と将来的にもしかしたらビジネスに発展するかもしれません。そんな出会いの瞬間は大切にしたいですね。

メールにするかはがきや封書にするかはそれぞれの会社で考えて頂ければと思います。以前弊社ははがきでお礼状を書いていましたが、最近ではメールにしています。お礼状を頂いた時にははがきはパッと見て内容がわかるので、インパクトはありますが、私自身見ただけで終わってしまう場合が多いです。メールの場合は、文章の羅列でインパクトに欠けますが、すぐに返信が書けたり、署名にＵＲＬがあるとホームページを閲覧したりと、次の行動につながりやすくなります。

展示会後はかなり忙しい状態になります。お礼状の雛形は展示会前にある程度下書きして準備しておき、展示会終了後にすぐに出せるように準備しておくといいです。手間をかけないようにするためには名刺入力したデータを使い、メールのＢＣＣで配信すれば展示会の翌日には名刺交換した人すべてにメールを送ることができます。遅くても一週間以内には完了させてください。

お礼状の例文を載せますので、参考にしてください。

株式会社○○○○
□□　□□様

平素よりお世話になっております。

私は、株式会社◎◎◎◎の展示ブースの総括を務めました▽▽▽と申します。

先日は、大変お忙しい中「△△△展示会」の弊社ブースへとお立ち寄り頂き、誠に有難うございました。


弊社は、展示会で「(展示内容)」をご提案させていただきました。

弊社の展示物で気になるものはございましたでしょうか？

各種資料請求や、お問い合わせにつきましては、▽▽まで
お電話もしくは、本メールにご返信いただくなど、お気軽にご連絡くださいませ。
サンプルを持ってご説明に伺ったり、送ったりさせて頂きます。

また弊社のサイトもご覧ください。
http://www.xxxxx.xx.xx/

当日は、多くの方々にブースに立ち寄っていただいたので
ご来場賜ったにも関わらず、十分な対応が出来なかったことを深謝申し上げます。
今後とも、御社のビジネスに役立てていただけるご提案が出来るように
精一杯努めて参りますので、なお一層のご厚誼を賜りますよう
お願い申し上げます。

まずは略儀ながらご来場のお礼を申し上げます。

今後ともよろしくお願い致します。

[以下　署名]

それぞれの会社でもっと丁寧にやったり、アレンジしたり、インパクトのあるものにしたりとさまざまな工夫をして効果の高いものにしていってください。一番大切なことは、行動することです。やった方がいいなと思っていても、行動しなければ何も結果につながりません。下手な文章でも行動することで必ずプラスになります。行動することにフォーカスしてくださいね。

(4) 今すぐ客への対応

「今すぐ客」というのは、すぐに取引がスタートする可能性があるお客様になります。この方々に展示会終了後に改めてアポを取ろうとすると、スケジュールの調整に時間がかかってしまいます。「鉄は熱いうちに打て」という言葉のように、展示会場で盛り上がった勢いでできるだけ展示会の会場で日程調整をして、初回の商談日を決めるようにします。

「今すぐ客」のアポを取る場合、扱っている製品やサービスの内容によって訪問する目的が変わってきます。単に「お会いしたい」では相手の方もお忙しいので時間を作っていただけません。

○展示会には出していない（出せない）サンプル
○概算見積
○詳しい数値などが入った資料
○お客様が求めるサンプル加工品

相手の方から「それなら会いたい」と言っていただくための「落としどころ」を予め決めておくことが重要です。

営業の本では、「すぐにクロージングを」ということを書いてあるものがありますが、そんなに簡単にはクロージング（契約）には結びつきません。

段階を踏んでクロージングに向かわないと、せっかくのお客様も逃げてしまうことになりかねません。そのためには、「クロージングを細分化する」という考え方が重要です。クロージングという言葉を使うとわかりにくいので、お客様からの「ＯＫです。それで進めましょう！」という言葉で置き換えるとわかりやすいです。初回訪問の了解をいただくことも「クロージング」ですし、２回目の訪問の了解をいただくことも「クロージング」です。こういう小さい「ＹＥＳ」を積み重ねていくことで最後に大きな「ＹＥＳ」が待っています。足踏みすることなく1段1段ステップを登り上げて、最終的なクロージングにつなげるようにしてくださいね。

ブースでのトークで盛り上がった時に「それでは帰り次第見積を作成して（あるいはサンプルを準備して）伺いたいと思います。お時間作っていただけませんか？」という感じで、アポを確定させます。ここで、「いや、そんなに急いでいるわけじゃないから」と言われたら、アポをごり押ししないで、「そのうち客」に分類します。

また展示会で出展すると、思ってもみないような遠方の方が興味を持たれる場合があります。そうした場合はどうしたらいいでしょうか？　あなたならどうしますか？　これに関しても答えがある訳ではありませんが、まずは訪問するというのも「アリ」です。でも時間もお金もかかるような遠いところの場合、無駄足となると非常にもったいないことになります。そういう場合は一旦「そのうち客」に分類して、ツールを使いフォローします。本当にその気があるお客様でしたら、ツールが届くとそれに反応して、再度ご連絡をいただけます。それを確認してから動いても遅くないですし、そこでご連絡をいただけるとなるとかなり高い確率で契約へと進めます。

ちなみに、直接会いに行くのとツールでアプローチするのを比較すると、結果は雲泥の差ほど違います。会いに行った方が絶対的にパワーがあります。一番の違いは顔を見て話すと「ＮＯ」と言いにくいという点にあります。契約が取れる確率を考えて人が動いた方がいいのか、あるいはお金と時間を優先させてツールを使うかはそれぞれの企業で考えてみてくださいね。

「帰らないとスケジュールがわからない」という方もいらっしゃいますので、そういう方にはできるだけ早いタイミングにメールで訪問できそうな日時を3候補ぐらいあげて、相手の方に選んでもらいます。

こうしてアポを取ってすぐ動けるようにするために、展示会前の時点で営業のスケジュールは予め共有しておくこともお勧めします。

(5) 定期情報配信

次に「そのうち客」向けの定期情報配信を始めます。内容に関しては前述のように導入事例や不安の解消につながる内容にします。わかりやすく言えば「お客様の声」です。あなたの会社の製品やサービスを使って喜んで頂いていることをまとめてお伝えします。新商品でまだ導入事例がない場合は、特別安いモニター価格もしくは無料でもいいので導入実績を作るための内容にしてもいいです。導入事例を作るために無料でも使ってもらうことの必要性を説明し始めると別の本が必要になりますが（笑）お客様からすれば「タダでもいらない物はいらない」のです。まずは使ってもらえるところに使ってもらい導入事例を作ってください。

原稿を作ったりまとめたりがとても大変な作業になりますので、社内で作れない場合は専門の外注に依頼してでも作ってください。お客様へのインタビューも大切な仕事になります。使い勝手の良さを確認したり、追加で欲しい機能や不満な部分をしっかり聞くことで、次の製品作りや改良にも活かせます。

まとめはＡ４で片面1枚で充分です。写真を入れてまとめれば、それほど多くの文字量は必要ありません。裏面には簡単な商品の紹介をします。問い合わせの連絡先はわかりやすく大きく入れます。

これを郵送で送ります。お届けできる範囲はお届けに行ってもいいですが、無理して時間をかけて届けたとしても「そのうち客」にとっては逆に迷惑になる場合もあります。郵送よりも届けた方が確実に営業的なパワーは強くなりますが、大切な卵をゆっくりと暖める気持ちで郵送しても構いません。郵送するとなるとお客様に直接詳しく話しができるわけではありません。ですから、定期情報配信を作る時はわかりやすく読みやすく、相当のエネルギーを使ってください。ここのエネルギーが低いとお客様にそのエネルギーが届きません。担当者一人に任せるのではなくチーム全体で取り組むことが大切です。

郵送のタイミングは商材にもよりますが、2～3か月に1回のペースで送ります。これを最低3回送ります。3回の内容は別々の内容を作成して送ります。

(6) キャンペーンやイベントの案内

定期情報を読んで頂き「何となく良さそうだな」「もう少し詳しく話が聞きたいな」と思ってもお客様はなかなか次の行動には移ってくれません。そこで！ 次の行動をとってもらえるようにキャンペーンやイベントを行います。「キャンペーンやイベントなんてやったことがない！」という方も多いと思いますので、具体的な例を挙げて紹介します。

○数量限定割引キャンペーン
○モニター価格販売
○無料サンプル作成
○セミナー開催
○工場見学会
○(会社内での) ミニ展示会
○展示会出展のご案内

一番簡単なのは、展示会出展のご案内です。3か月に1回の定期情報配信をしているとちょうど1年後に当たるはずです。同じ展示会に出るのであればタイミングとしてはちょうどピッタリになります。お客様も昨年と同じ展示会であれば見に来る可能性があります。ここで再度商品の紹介をすることが可能です。自社の場合はどんなことが適切かをチームの皆さんで考えてみてくださいね。

(7) クロージング

さて、いよいよお客様との関係が近くなり、クロージングのタイミングになってきました。ビジネスは単に「いい関係」になるだけではダメです。しっかりとビジネスがスタートすることが大切です。そのためにもクロージングはとても重要になります。

ただ、クロージングという言い方をすると非常にハードルが高く感じられてしまいます。これは「クロージング＝契約」という捉え方になるからです。契約となると契約書を交わしたり、金額をしっかりと決めて、となり会社全体を捲き込んだことになっていきます。

1000万円以上の機械を購入する際に、一度や二度の訪問ではなかなか購入に踏み切ってもらえません。高額な契約になればなるほどライバル会社が出てくる可能性も高くなります。材料の加工のように、今までの取引先があるのに、新しい取引先と新たに契約して発注するというのもとてもハードルが高いです。

もちろん最終目標はもちろんこうした契約なのですが、最初のクロージングは(4)の「今すぐ客への対応」に書いたようなハードルが低いクロージングを目指した方が得策です。これは営業の世界でよく言われますが、スモールステップで営業を設計した方が相手の心理的な負担は非常に低くなります。

例えば「期間限定で無料サンプル作成します」と言われたとすると、「無料だったら上司の了解も取りやすい」と言うことになります。無料で試して頂いて、その上でよかったら本契約をして頂くとなるとお客様にとっては随分ハードルが下がります。また新規取引にかかる稟議を通す場合も非常にスムーズになります。

無料サンプルが作れる会社ばかりではないので、このスモールステップはそれぞれで考えて頂く必要があるのですが、お客様の心理的な負担を減らすという視点も入れてクロージングも考えてみてください。クロージングのタイミングは早すぎるとせっかくの関係が台無しになってしまいます。そういう意味でも慎重に行うことが大切ですが、お客様から「御社と契約して仕事を進めるにはどうすればいいのか」と言っていただけるような営業ストーリーだと一番いいですね。

(8) 効果測定

展示会が終わり、定期情報配信3回とキャンペーンの案内を送り終わると半年から1年経ちます。ようやくここに来て展示会営業の効果測定に移ります。最初に定量分析です。

○名刺交換の数
○「今すぐ客」と「そのうち客」の数
○今すぐ客との取引状況（件数・売上）
○そのうち客からの問い合わせの件数・面談件数
○そのうち客との取引状況
○展示会出展にかかった経費

仮にこれに数字を当てはめてみます。

○名刺交換の数＝200枚
○「今すぐ客」＝3社、「そのうち客」＝50社
○今すぐ客との取引件数＝1件、売上＝30万円
○そのうち客からの問い合わせの件数・面談件数＝5件
○そのうち客との取引状況＝0
○展示会出展にかかった経費＝60万円（人件費を除く）

この数字から見ていくと以下のようになります。

○名刺1枚当たりのコスト＝60万円÷200枚＝3000円
○1件の取引にかかったコスト＝60万円÷1件＝60万円
○そのうち客から問い合わせをいただいた割合＝5社÷50社＝10％
○そのうち客の問い合わせのコスト＝60万円÷5件＝12万円

ここで数字を見て愕然としないでください（笑）。展示会営業は最初からうまくいかないものです。ましてや新規開拓を経験したことがない人にとっては非常に難しいことです。何となく華やかに見える展示会ですが、結果につなげることは至難の業です。ここで展示会営業を止めてしまうのもうひとつの選択肢ではあります。しかし、中小の製造業はむやみやたらに飛び込み営業ができるわけではないです

し、ＤＭでも効果が期待できません。展示会営業は経費も手間も非常にかかる営業手法ですが、普段会えない方と会えるという点ではとても効果的な営業方法です。

また、そのうち客50件に対してフォローが必要というのは、この数字からもわかります。この会社のように1件の取引で30万円の売上しかなかったら、60万円の経費をかける意味がありません。本当に展示会出展の元を取るのであれば、展示会後のフォローに50万円かけてでも問い合わせの件数を増やしたり、契約件数を増やすことで、分母を増やすことができ、1件当たりの契約にかかるコストを低減することに取り組んだ方が、本当のコスト削減になります。

「営業の効果」にもっともっとフォーカスしてそのための工夫や改善につなげていってください。

次に定性分析を行います。

○問い合わせ頂いた内容はどんな内容だったか？
○売上以外にどんな効果があったか？

数字としては見えにくいかもしれませんが、何かしらの結果が見えてくれると思います。そういうことをチームで共有してください。

最後に「そのうち客」の分類を再度します。4回の情報提供をして今後も配信を続けるか、あるいはもう止めるかを決めます。展示会後の分類分けは割と緩めでもいいと思いますが、ここでは厳しめでもいいと思います。ここで期待できそうな「そのうち客」には引き続き3年から5年情報提供を行います。定期情報をしない分類の方々にもキャンペーンの案内などは送り続けてもいいと思います。

Ⅳ　弊社の事例

私が展示会営業でフォロー営業を強調するのは訳があります。それは今までにフォロー営業をすることで多くのお客様とのつながりができたからです。

弊社が送っている事例をご紹介します。

前述したように片面は導入事例（お客様の声）で、もう片面は弊社の商品ラインナップです。さまざまな内容で作りましたが、この内容が今のところ一番反応がいいです。この内容に行き着いた理由を簡単に説明します。弊社も大手メーカーの機械を導入しているので、そこから年に数回広報誌が送られてきます。大きなメーカーはお金があるから広報誌を送っているのではなく、しっかりとした効果測定も行い、効果が見込まれるからこそ続けています。効果がある内容というのはどういう内容なのかを知るために、時間がある時にじっくりとその内容を分析しました。その広報誌の場合、巻頭にその会社の社長と有名人の対談が数ページあり、その次に新商品の詳細な紹介がありました。ここにはパンフレットには記載されていない詳細な数字のデータなどが書かれていました。その次に2～3社の導入事例が書いてあります。導入事例はよく読むと規模が大きな企業とともに十数名の規模の小さな企業もよく紹介されます。また導入事例は新商品の事例の他に、今までそのメーカーの機械をシリーズで使い続けていて、効率的に効果的に仕事ができていることが書かれています。その後旅に関する話や生活に関する情報などが掲載されています。最後にプレゼント付きのクイズなどが載っている、という20ページほどの冊子です。

こんな立派な物は弊社ではできないですが、この中で何が自分の心を動かしたかをもう一度感じながら見直しました。そうすると、新商品の情報と導入事例が気になりました。導入事例を読んでいると「このメーカーなら間違いない」と思う気持ちが強くなります。また自社より大きな企業が導入しているとなると、それがメーカーへの信頼をより強くします。もちろん、このメーカーのライバル会社もあ

りますから、実際の機械の導入の時には機械のスペックや金額などを確認しますが、心のどこかでそのメーカーの「ファン」になっている自分がいます。

そこで、この20ページをギュッとA4で2ページにまとめるならどうするか？と考えた結果、表面はお客様の声、裏面の上段は新商品の情報と弊社商品のラインナップ、下段をお客様からの問い合わせフォームとしました。この問い合わせフォームがとても大切です。大切な個人情報の記入欄と共に問い合わせの内容をチェックできるようにしています。「今どきFAXで問い合わせなんてするわけない」という方もいますが、弊社にはFAXで問い合わせを頂くことも多いです。またメールでお問い合わせ頂く場合にも、このフォームを見て書いたと思われる内容でメールを頂きます。問い合わせフォームはお客様と御社をつなぐ大切な部分になりますから、入れることをお勧めします。

こうした内容を送り続けたことで上場企業から4社問い合わせを頂きお仕事の発注を頂きました。もちろん中小の企業からのお問い合わせもたくさんあります。弊社ではさまざまな情報を送り続けているので、展示会で名刺交換してから2年後、3年後に問い合わせを頂くこともしばしばです。展示会のフォロー営業を継続して行うことを自信を持ってお勧めする理由もここにあります。

V フォロー営業のまとめ

この節の最初にも書きましたが、フォロー営業は展示会の準備や展示会中にやることとは全く違う内容です。しかしとても重要な内容になります。セミナーでもフォローの重要性をお話しします。そうすると「フォローって大切ですよね」と言って帰られるのですが、実際に行動する方は極わずかです。うまくやることよりも、**まずは行動することが何より大事です。**成果にフォーカスして必ず実践してくださいね。

コラム

新規開拓工業の場合

新規開拓工業は、すでに5年以上毎年様々な展示会に出展しているので、フォロー営業も手慣れています。最初は情報配信の内容を考えたり作ったりするのは手間取っていましたが、今はみんなが慣れてきているのでスムーズに作れるようになりました。今ではより効果を上げるためにプロに制作を依頼して内容の充実を図っています。展示会直後に営業に行ける会社は展示会の当たりはずれもあり、多い時も少ない時もありますが、フォローに関しては一定の割合で問い合わせを頂いたり、商談に進み発注を頂けることができます。そういう点ではノウハウと同時に費用対効果で言えば効果が上がる出展になってきました。

【情報誌がお客様とのコミュニケーション】

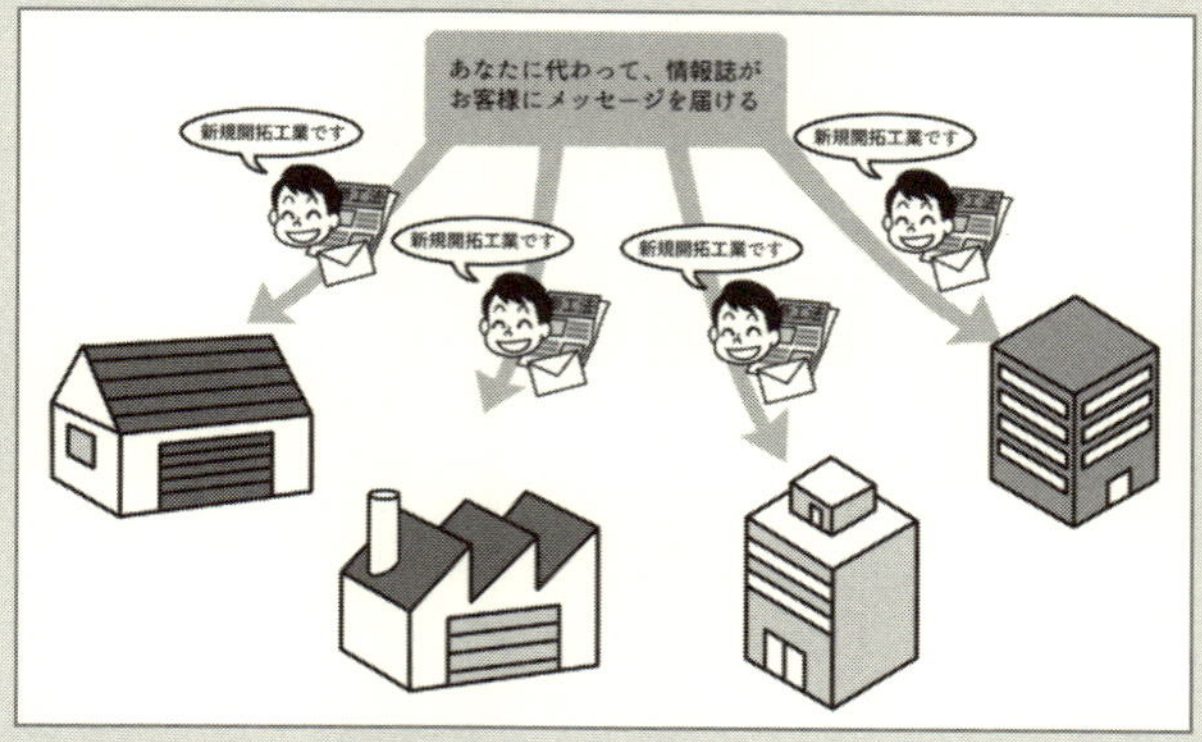

作った情報紙は既存のお客様にも配布しているので、既存のお客様からの問い合わせやコミュニケーションにも役立っています。

ここで改めて手順5の流れを振り返ると次のようになります。

手順5のまとめ

Ⅰ　フォロー営業の考え方

「そのうち客」をフォローすることで成約件数が増加

初回のアプローチでダメだった場合も将来のお客様に

Ⅱ　フォロー営業の4つのポイント

今すぐ客とそのうち客のアプローチを分ける

そのうち客には長期で繰り返しフォロー

お客様の不安を解消する情報を提供

忘れられないことを目的

Ⅲ　展示会後のフォロー営業の手順

展示会直後からスタートし、効果測定まで行う

Ⅳ　弊社の事例

第9章
展示会営業のノウハウの応用

鎌倉庄司／照井清一

第4章から第8章までで、展示会営業で成功するための秘訣をお伝えしました。第8章まで読むと、展示会でしっかりと成果を上げるためには、実にいろいろなことをやらなければならないことが分かったと思います。展示会で成果を上げている会社は、何度も失敗しながら試行錯誤の上、自社のやり方をつかんでいます。しかし、とてもそんな時間をかけられない場合、コンサルタントなどを活用してここまでのプロセスを一度に行えば、最初から成果を上げることができます。

一方、ここでのノウハウは、展示会以外の様々な業務にも活用できます。第9章では、このノウハウの応用についてお伝えします。

Ⅰ　展示会だけでなくホームページやパンフレットとの連携が重要

展示会営業を最初の出会いから受注までの全体で考えると図のような流れになります。ＢｔｏＢの取引では、１回の商談で取引が決まることは稀ですよね。お客様も単にその部品を発注するだけでなく、その後の長期的な取引を考えて発注先を決定するからです。受注するためにはあなたの会社の製品や技

【展示会営業から受注までの全体の流れ】

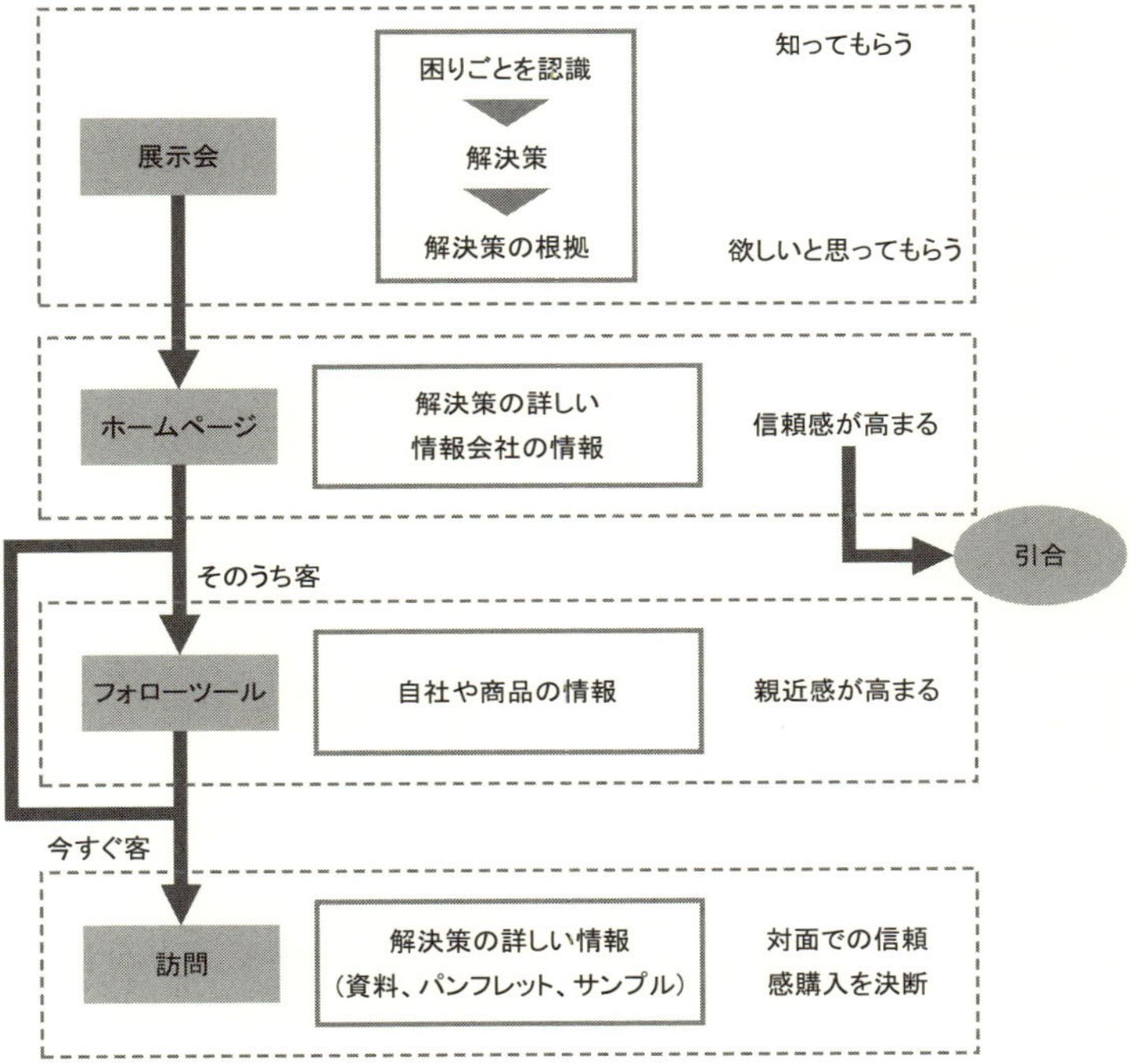

術の良さを知って「欲しい」と思ってもらうだけでなく、長期的に取引したいと思うような信頼関係があなたとお客様との間に必要なのです。

そのためには、展示会での活動だけでなく、ホームページでの情報発信やフォローツール、会社案内などのパンフレットや技術資料、サンプルもとても重要です。特に規模の小さい会社は信頼性という点で、大きい会社に比べて第一印象はどうしても見劣りします。だからこそホームページやパンフレットはしっかりとしたものをつくり、見た目から信頼してもらうととても良いです。少なくともホームページやパンフレットがしっかりしていれば、その点では大きな会社とあなたの会社は同等に見えます。立派なオフィスや工場をつくるには大金が必要ですが、立派なホームページや会社案内ははるかに少ない金額でできますから費用対効果は極めて高いといえるでしょう。

本書では展示会を活用したＢｔｏＢの新規開拓を成功させるための秘訣をまとめました。そのポイントはお客様の関心のある情報を提供し、信頼関係を作ることです。

そしてこういった内容は、さまざまな営業シーンや企業活動で活用することができます。

○新規開拓営業
○深耕（深掘り）営業
○新商品開発営業
○ホームページを活用した営業
○採用活動

ここではページの都合でホームページによる営業と新卒採用への活用方法を紹介します。

Ⅱ ホームページを活用した営業

ホームページを活用した営業で一番大切なことはなんだと思いますか？

○見やすさ・わかりやすさ
○インパクト
○情報量
○ＳＥＯ対策（検索対策）

どれも大切なことですが、一番は検索対策です。こういうと「今までにも『ＳＥＯ対策します！』という怪しい会社から何度も電話が来た！」と思う方も多いと思います。でもここでお話しする「ＳＥＯ対策」というは少し違います。

一般的なＳＥＯ対策というのは「〇〇というワードで検索上位にします。」という内容がほとんどです。それが例えば「金属加工」「鋳造」みたいな割と一般的なワードでの上位表示の話しです。

ここでお話するのは、もっとピンポイントの検索ワードの対策です。

皆さんがインターネットで何かを探すときは、どのように探しますか？　例えば焼き鳥屋さんを探すときに、単に「焼き鳥」とは検索ボックスに入力しないと思います。一般的には「新宿　焼き鳥」と言ったように「2語検索」を行います。これで検索してもかなりの数がヒットすると思います。そうするともう少し検索ワードを増やして「新宿　焼き鳥　リーズナブル」とか「新宿　焼き鳥　うまい　駅近」と言ったように「3語検索」「4語検索」として、どんどん希望のお店を絞り込んでいきます。どんどんよだれが出てきちゃいますね！

ホームページの話に戻しましょう。中小零細企業の場合は社名で検索されるような「指名買い」は、ほとんどありません。さまざまな検索ワードの組合せで検索された結果、たどり着いてもらうことになります。その時に第6章で説明した「キャッチコピー」が生きてきます。まずはホームページの存在を知ってもらわないと何事も始まりません。展示会でいうところの「足を止めてもらう」という行為になります。

ホームページで加工方法の特徴や他社との違い、お客様の困りごとの解決方法を明確に打ち出すことで検索にヒットされるようになります。この自社の得意分野と「お客様から探してもらいたいワード」をしっかりと結びつけるような工夫をすることで、あなたの会社のホームページにたどり着いてもらえます。

弊社のお手伝いした事例ですと、特殊印刷が得意な印刷会社のホームページを作らせていただいたことがあります。その会社は「ホームページを通じて毎月コンスタントに問い合わせをいただけるようになった」とのお話をもらえました。その会社は仕事の内容がかなり特殊なので、やっている仕事内容や他ではやれない仕事内容を文章に「練り込む」ことで、そのワードと地域名との2語検索をさせると、必ずトップになるようになりました。そのため結果も出やすかったのですが、当初お客様が要望された単に会社案内と簡単な事業内容、機械の紹介だけ掲載してあるホームページであれば、こうした結果にはつながらなかったと思います。

広い展示会場もホームページも同じことです。たくさんある企業の中からまずは存在を知ってもらうこと、見つけてもらうことがすべてのスタートになります。展示会で作ったキャッチコピーはぜひホームページへも展開していってくださいね。

Ⅲ　採用活動

(1)　採用活動での見せ方の例

今は非常に求人難で、多くの企業が「人が足らない」という話をされます。ネットニュースには「人手不足倒産」という言葉も見受けられます。さまざまな分野で機械化は進んでいますが、事業を継続するためには絶対に人が必要になります。そのためにはいい人材を確保することが絶対条件になります。

最初に弊社の採用活動の事例をご紹介します。弊社は新卒採用のために大手求人会社の企業展に参加しました。弊社のような10人そこそこの企業に興味を持つ人は少ないだろうと思い、スタート時点ではのんびり構えていたのですが、開始早々からブースに立ち寄る学生さんがひっきりなしでした。12時から17時までの5時間でしたが、その時間中ぶっ続けで会社説明を14回、合計で62人の学生さんにブースで話を聞いていただくことができました。私は話すことに集中していたので、回りの状況が全くわからなかったのですが、終わってからスタッフに確認したところ「こんなに賑わっていたのはウチだけでしたよ」と教えてもらいました。その後求人会社の担当の方に人数を話したらビックリされて「多くの企業が出展していましたが、集客では確実にベスト5に入っていますよ」と言われました。

これも後から聞いた話ですが、同郷の会社で企業規模も大きく立派な企業も出展していたのですが、20人にも満たない学生さんしかブースには来なかったそうです。

さて、この違いは何だと思いますか？

私も正直何がそんなによかったのかは自分でもよくわからないのですが、思いつくことは2つあります。1つはブースの装飾です。弊社は展示会に何度も出ているので、ブースづくりの経験が豊富にあります。採用ブースの装飾は一般的な展示会と違い、開始2時間前ぐらいからしか準備ができないので、大した装飾はできないです。ですから、弊社もそんなに凝ったことはしていませんでしたが、弊社の「当たり前」が他社とは大きく違っていたようです。ライティングやわかりやすい製品の展示、求める人物像など、外から見てもわかりやすい装飾にしました。

もう1つは「人が人を呼ぶ効果」が発揮されたのだと思います。これも後から学生さんから聞いた話しですが、「ブースで話を聞こうと思って何度かブースに行ったのですが、いつもブースがいっぱいで入れなくて、何度もブースを訪れました」と言われました。最初の賑わいを出すのは非常に難しいのですが、弊社の場合はたまたまそれがうまく機能することができました。

採用に関しての流れを簡単に説明すると、

ブースへの集客 → 会社での説明会 → 採用試験・面接

という流れになります。

これは展示会の流れである、

ブースへの集客 → 初回訪問・商談 → 見積・サンプル提出

の流れと酷似しています。

まずはブースへの集客がある程度できないと、次のステップへとつながりません。ブースへの集客は多ければ多いほど、優秀で自社にマッチした学生さんを採用できる確率が高くなります。

では、ブースへの集客には何が必要だと思いますか？ ちょっと余談になりますが、弊社に採用ブースの装飾業者からのＤＭが届きました。バックのバナーとテーブルクロスとチェアカバーがセットで◯万円！ みたいな内容でした。私はチェアカバーを作っただけでは集客はできないと思っています。弊社はチェアカバーを作らずに集客しました。

私は学生さんの心に刺さる「キャッチコピー」が絶対大切だと思っています。学生さんが求めているは仕事や職場ではないと思っています。待遇や福利厚生だけでもありません。自己実現できる場所であったり、自分の能力が発揮できる場所であったり、あるいは自分の能力を引き出してくれる場所であったり、生活全般や人生の大切な時間を過ごす場所を探しているのだと思います。学生さんは千差万別ですから、職場や仕事に求めている物も千差万別です。ですから「誰でもいいから来てください」では大して優秀な人も来てくれませんし、集客も難しいと思います。展示会営業で言えば「何でもやります！」みたいな感じです。「こんな人と一緒に仕事をしたい」「こんなことができます」「こんな自己実現ができます」という企業メッセージが伝わるキャッチコピーが必要だと思います。

弊社の場合は事業内容が多岐にわたることもあり、どちらかというと「好奇心旺盛で何でもやってみたい人」というのが求める人物像です。でも会場に来ている人はそんな人ばかりではありません。決められた仕事を落ち着いてやりたい人もたくさんいるでしょうし、もっと言えば企業としての安定や長く働けそうな職場を会社選びの最優先事項にしている人もたくさんいます。まだまだ公務員の人気が非常に高い時代ですので、安定に自信がある会社はそれを全面に出すことにより、多くの学生さんを集めることができると思います。

またブラック企業で働きたくない、と思っている学生さんも非常に多いです。会社で行っている社内行事の写真を見せたり、社員同士が仲良く仕事していることを伝えたりして、「ホワイト企業」であることをPRすることで学生さんの共感が得られると思います。

こうした魅力をわかりやすく伝えることがブースづくりで必要になります。不人気業種だから、企業規模が小さいから、待遇や福利厚生が悪いからブースに学生さんが来ないのではありません。魅力の発信の仕方が足らないから人が来ないと思って間違いありません。

これも弊社の事例ですから参考程度に見ていただければと思いますが、

ブースへの集客［62名］↓会社での説明会［32名］↓採用試験・面接［15名］↓採用［2名］

という結果で、最終的にたくさんの応募者の中から弊社の求める優秀な学生さんを採用することができました。他の企業がどのぐらいの割合で減っていくのかは全くわかりませんが、まずはブースへの集客を成功させることが採用の秘訣になります。

(2) 学生さんの困りごとの解決

鎌倉氏は自社の採用のための企業説明会で、それまで培った展示会のノウハウを生かして集客していました。この採用活動を成功させるには、展示会と同様に学生さんたちの困りごとを考え、それを解決することで応募が増えます。

では採用活動において、応募者（学生さん、あるいは社会人の求職者）の困りごとは何でしょうか。

給料でしょうか。

休日日数でしょうか。

確かに応募者もそれらを最初に比較するので、経営者としては気になるかもしれません。しかし会社を辞めていく人たちの退職の理由で最も多いのは、給料でも休日の日数でもなく、職場の人間関係なのです。つまり応募者の最大の困りごとは、

「この会社でうまくやっていけるだろうか」

「先輩にいじめられないだろうか」

という不安です。

それでは採用活動において、応募者のこの悩みにあなたの会社は応えているでしょうか。募集要項に書いてある仕事の内容は、営業とか製造、生産技術とかです。応募者はどんな仕事かイメージできるでしょうか。

そこで展示会営業と同じ考え方で応募者の悩みに対する解決策を提供します。具体的には、

○応募者は皆さんの会社でどんな仕事をするのか、仕事内容の説明
○応募者の先輩や上司はどのような人か
○あなたの会社の歴史、そして業績が安定しお客様からどのように頼りにされているか

応募者は、あなたの会社での業務を知りません。そして入社した後、自分がどのような仕事をするのか具体的なイメージを持っていません。そこで仕事の内容をできるだけわかりやすくパンフレットやホームページで説明します。

そして先輩や上司となる社員の何名かについて、顔写真、人柄、趣味、仕事に対する姿勢、入社時に先輩に教えてもらったことなどを語ってもらい、パンフレットやホームページで伝えます。もし、仕事に厳しい面があればそれも書いておきます。いいことばかり書いてあまりにも良いイメージで入社すると、現実とのギャップに嫌気がさして辞めてしまうからです。例えば、安全に注意しなければ大事故になってしまうような職場では、安全に対しては厳しく指導しています。そういう会社は、安全に楽しく仕事をするためにルールを守ることは徹底していることを伝えます。同様にきつい、汚い、危険の３Ｋ職場では、そのことをあまり隠さず、その代わりその会社での仕事の楽しさ、やりがいも伝えます。

弊社ではクライアント企業の要望でこういった採用を目的としたホームページを制作することもあります。その結果、採用だけでなく、こうした仕事の内容、先輩や上司のプロフィールをホームページに

載せることで、現在の社員も仕事に対する誇りと自信を持つようになりました。

実は求人に関して、学生さんはもうひとつ大きな不安を持っています。それは、

「自分はこの会社に入って大丈夫だろうか?」という不安です。言い換えると

「この会社はつぶれないだろうか? 落ち目にならないだろうか?」ということです。

名だたる大企業が経営不振に陥る時代、中小企業であればなおさら不安がありますよね。では、あなたはどうやってこの不安に答えるのでしょうか?

相手が銀行であれば、決算書と財務分析結果を見せれば良いかもしれません。あなたの会社が大丈夫であることを理解してくれます。しかし学生さんに決算書を見せても理解できませんよね。

私は、あなたの会社の長期ビジョンや目標（例　10年ビジョン）と、それを実現するための中期経営計画を示すことだと思います。これを示せば、学生さんも、

「この会社は将来、こういう会社になろうとしているのか」

「そのためには、このようなことを取り組んでいくのか」と理解します。

当然ですが、経営環境は絶えず変化するため、長期ビジョンや中期経営計画がそのまま実現するとは

限りません。ですから中期経営計画は絶えず修正が必要になるでしょう。しかし、これを示すことで会社の将来に不安を感じている学生さんに、安心感を与えることはできます。そして、長期ビジョンや中期経営計画を示している会社とそうでない会社、どちらを選ぶかは明らかです。

あとがき

本書は展示会の出展ノウハウの本ですが、実は本書の核となるテーマは「あなたの会社の特徴・強みを具体的な言葉にする」、「お客様の課題を深く考え、あなたの会社がそれに対しどう貢献していくのか、具体的に伝える」この2点です。これが具体的になれば、それを分かりやすく伝えることで、良いお客様と出会うことができます。

これは展示会だけでなく、パンフレットやホームページなどにも応用できます。そしてお客様だけでなく、あなたの会社が採用したい人や、あなたの会社の社員にも伝えることで、採用や社員のモチベーションアップにも役立ちます。

今後中小企業の廃業が増え、発注先を求める企業は多くなります。ぜひ展示会をうまく活用して、良いお客様と数多く出会い、「儲かる受注」を増やして事業が発展することを心から願っています。

本書を手に取って、読んでいただいたことを心から感謝いたします。本書について、ご意見・ご要望があればお気軽にお知らせください。

株式会社アイリンク　照井清一　Mail：terui@ilink-corp.co.jp

本書を手に取り最後までお読み頂いたことに心から感謝申し上げます。ありがとうございます。

本書は「展示会営業」という切り口でできるだけわかりやすく、実践できるように書かせていただきました。校正のために何度も読み返しましたが、読み返すたびに手前味噌ではありますが「かなりノウハウが凝縮された実践的な内容」であることを感じています。10年前にこの本があれば、私ももっと早くに展示会で成果が出せたと感じています！笑

本当はまだ「あれも書きたい」「これも書きたい」と思いながらも、入門編ということでできるだけ初めて展示会営業に取り組む方が取り組みやすいようにと思い、エキスだけをまとめました。

また機会がありましたら新規開拓営業やＤＭ活用方法、ホームページを使った新規開拓などのノウハウに関しても情報提供できればと思っています。

わかりやすく書いたつもりですが、ご不明な点などございましたらお気軽にご相談頂ければと思います。

文中にも書きましたが、「いいなぁ」と思ったことを１つでも２つでもぜひ実践してください。実践でしか結果にはつながりません。ぜひ素晴らしい成果を手に入れてください！

株式会社コムズ　鎌倉庄司　Mail：s-kamakura@coms1.jp

鎌倉 庄司（かまくら しょうじ）

1965年生まれ。1988年愛知県の印刷会社㈱クイックスに入社。印刷・製本関係の仕事に従事、1990年父が経営する㈲金山印刷所（2015年より㈱コムズに名称変更）に入社。2005年に代表取締役に就任。山間地域の零細印刷業の将来性のなさを感じて、新規開拓に取り組むも、難しさを実感。営業に関するセミナーや本を読み学び、DM・FAXDM・TELアポなどを実践することで4年連続100社以上の新規取引を実現。そのノウハウを活用して、営業ツールに関する事業を展開。
その後展示会への出展で営業を行うようになる。近年は照井氏などコンサルタントと組み、展示会営業関連のセミナーを多数開催する。

株式会社コムズ　代表取締役
www.coms1.jp
NPO法人KIプロジェクト　理事長
www.kipj.jp
益田信用組合　非常勤監事

〈連絡先〉
〒509-1622 岐阜県下呂市金山町金山1993
株式会社コムズ
TEL：0576-32-2022
E-maill honsya@coms1.jp

【著者紹介】

照井 清一（てるい せいいち）

1962年生まれ。1987年富士機械製造㈱に入社し、電子部品組立機の設計・開発・生産技術・品質保証に従事。2011年独立、製造業の現場改善、新規顧客開拓、原価計算などのコンサルティング、セミナーを行っている。
㈱アイリンク　代表取締役
豊田工業高等専門学校機械工学科卒　中小企業診断士　経営革新等支援機関

〈コンサルティングテーマ〉
- 小規模企業の原価計算の導入による利益改善
- リードタイム短縮、生産性向上による原価低減
- 部品加工業の技術PR、展示会支援、販路開拓支援

経営コラム「製造業の経営革新～30年先を見通す経営」メールマガジンにて配信
http://ilink-corp.co.jp/malmag.html
ものづくり・企業経営の未来を考える「ものづくり未来戦略ワークショップ」毎月開催
詳細は、ホームページを参照願います。
URL：http://www.ilink-corp.co.jp

〈連絡先〉
〒444-0202 愛知県岡崎市宮地町馬場17-1 ㈱アイリンク
TEL：0564-55-5661　Mail：info@ilink-corp.co.jp

2018年5月10日　第1刷発行

初めての出展から受注まで
中小企業の展示会マニュアル
～脱下請のための新規顧客開拓術～

©著　者　照　井　清　一
鎌　倉　庄　司

発行者　脇　坂　康　弘

〒113-0033 東京都文京区本郷3-38-1
発行所　株式会社　同友館
TEL.03(3813)3966
FAX.03(3818)2774
http://www.doyukan.co.jp/

落丁・乱丁本はお取り替えいたします。　西崎印刷／三美印刷／松村製本所
ISBN 978-4-496-05358-0　Printed in Japan

本書の内容を無断で複写・複製（コピー），引用することは，
特定の場合を除き，著作者・出版者の権利侵害となります。